洛阳伽蓝记

中国佛学经典宝藏

110

曹虹 释译
星云大师总监修

人民东方出版传媒
东方出版社

《中国佛学经典宝藏》
大陆简体字版编审委员会

主任委员：赖永海

委　　员：（以姓氏笔画为序）

　　　　　王月清　王邦维　王志远　王雷泉

　　　　　业露华　许剑秋　吴根友　陈永革

　　　　　徐小跃　龚　隽　彭明哲　葛兆光

　　　　　董　群　程恭让　鲁彼德　温金玉

　　　　　潘少平　潘桂明　魏道儒

总序

星云

自读首楞严,从此不尝人间糟糠味;
认识华严经,方知已是佛法富贵人。

诚然,佛教三藏十二部经有如暗夜之灯炬、苦海之宝筏,为人生带来光明与幸福,古德这首诗偈可说一语道尽行者阅藏慕道、顶戴感恩的心情!可惜佛教经典因为卷帙浩瀚、古文艰涩,常使忙碌的现代人有义理远隔、望而生畏之憾,因此多少年来,我一直想编纂一套白话佛典,以使法雨均沾,普利十方。

一九九一年,这个心愿总算有了眉目。是年,佛光山在中国大陆广州市召开"白话佛经编纂会议",将该套丛书定名为《中国佛教经典宝藏》①。后来几经集思广

---

① 编者注:《中国佛教经典宝藏》丛书,大陆出版时改为《中国佛学经典宝藏》丛书。

益,大家决定其所呈现的风格应该具备下列四项要点:

一、启发思想:全套《中国佛教经典宝藏》共计百余册,依大乘、小乘、禅、净、密等性质编号排序,所选经典均具三点特色:

1. 历史意义的深远性
2. 中国文化的影响性
3. 人间佛教的理念性

二、通顺易懂:每册书均设有原典、注释、译文等单元,其中文句铺排力求流畅通顺,遣词用字力求深入浅出,期使读者能一目了然,契入妙谛。

三、文简意赅:以专章解析每部经的全貌,并且搜罗重要的章句,介绍该经的精神所在,俾使读者对每部经义都能透彻了解,并且免于以偏概全之谬误。

四、雅俗共赏:《中国佛教经典宝藏》虽是白话佛典,但亦兼具通俗文艺与学术价值,以达到雅俗共赏、三根普被的效果,所以每册书均以题解、源流、解说等章节,阐述经文的时代背景、影响价值及在佛教历史和思想演变上的地位角色。

兹值佛光山开山三十周年,诸方贤圣齐来庆祝,历经五载、集二百余人心血结晶的百余册《中国佛教经典宝藏》也于此时隆重推出,可谓意义非凡,论其成就,则有四点可与大家共同分享:

一、佛教史上的开创之举：民国以来的白话佛经翻译虽然很多，但都是法师或居士个人的开示讲稿或零星的研究心得，由于缺乏整体性的计划，读者也不易窥探佛法之堂奥。有鉴于此，《中国佛教经典宝藏》丛书突破窠臼，将古来经律论中之重要著作，做有系统的整理，为佛典翻译史写下新页！

二、杰出学者的集体创作：《中国佛教经典宝藏》丛书结合中国大陆北京、南京各地名校的百位教授、学者通力撰稿，其中博士学位者占百分之八十，其他均拥有硕士学位，在当今出版界各种读物中难得一见。

三、两岸佛学的交流互动：《中国佛教经典宝藏》撰述大部分由大陆饱学能文之教授负责，并搜录台湾教界大德和居士们的论著，借此衔接两岸佛学，使有互动的因缘。编审部分则由台湾和大陆学有专精之学者从事，不仅对中国大陆研究佛学风气具有带动启发之作用，对于台海两岸佛学交流更是帮助良多。

四、白话佛典的精华集萃：《中国佛教经典宝藏》将佛典里具有思想性、启发性、教育性、人间性的章节做重点式的集萃整理，有别于坊间一般"照本翻译"的白话佛典，使读者能充分享受"深入经藏，智慧如海"的法喜。

今《中国佛教经典宝藏》付梓在即，吾欣然为之作序,并借此感谢慈惠、依空等人百忙之中,指导编修;吉广舆等人奔走两岸,穿针引线;以及王志远、赖永海等大陆教授的辛勤撰述;刘国香、陈慧剑等台湾学者的周详审核;满济、永应等"宝藏小组"人员的汇编印行。他们的同心协力,使得这项伟大的事业得以不负众望,功竟圆成!

《中国佛教经典宝藏》虽说是大家精心擘划、全力以赴的巨作,但经义深邃,实难尽备;法海浩瀚,亦恐有遗珠之憾;加以时代之动乱,文化之激荡,学者教授于契合佛心,或有差距之处。凡此失漏必然甚多,星云谨以愚诚,祈求诸方大德不吝指正,是所至祷。

一九九六年五月十六日于佛光山

原版序
敲门处处有人应

《中国佛教经典宝藏》是佛光山继《佛光大藏经》之后，推展人间佛教的百册丛书，以将传统《大藏经》精华化、白话化、现代化为宗旨，力求佛经宝藏再现今世，以通俗亲切的面貌，温渥现代人的心灵。

佛光山开山三十年以来，家师星云上人致力推展人间佛教，不遗余力，各种文化、教育事业蓬勃创办，全世界弘法度化之道场应机兴建，蔚为中国现代佛教之新气象。这一套白话精华大藏经，亦是大师弘教传法的深心悲愿之一。从开始构想、擘划到广州会议落实，无不出自大师高瞻远瞩之眼光，从逐年组稿到编辑出版，幸赖大师无限关注支持，乃有这一套现代白话之大藏经问世。

这是一套多层次、多角度、全方位反映传统佛教文化的丛书，取其精华，舍其艰涩，希望既能将《大藏经》

深睿的奥义妙法再现今世，也能为现代人提供学佛求法的方便舟筏。我们祈望《中国佛教经典宝藏》具有四种功用：

一、是传统佛典的精华书

中国佛教典籍汗牛充栋，一套《大藏经》就有九千余卷，穷年皓首都研读不完，无从赈济现代人的枯槁心灵。《宝藏》希望是一滴浓缩的法水，既不失《大藏经》的法味，又能有稍浸即润的方便，所以选择了取精用弘的摘引方式，以舍弃庞杂的枝节。由于执笔学者各有不同的取舍角度，其间难免有所缺失，谨请十方仁者鉴谅。

二、是深入浅出的工具书

现代人离古愈远，愈缺乏解读古籍的能力，往往视《大藏经》为艰涩难懂之天书，明知其中有汪洋浩瀚之生命智慧，亦只能望洋兴叹，欲渡无舟。《宝藏》希望是一艘现代化的舟筏，以通俗浅显的白话文字，提供读者遨游佛法义海的工具。应邀执笔的学者虽然多具佛学素养，但大陆对白话写作之领会角度不同，表达方式与台湾有相当差距，造成编写过程中对深厚佛学素养与流畅白话语言不易兼顾的困扰，两全为难。

三、是学佛入门的指引书

佛教经典有八万四千法门，门门可以深入，门门是无限宽广的证悟途径,可惜缺乏大众化的入门导览,不易寻觅捷径。《宝藏》希望是一支指引方向的路标,协助十方大众深入经藏,从先贤的智慧中汲取养分,成就无上的人生福泽。

四、是解深入密的参考书

佛陀遗教不仅是亚洲人民的精神归依,也是世界众生的心灵宝藏。可惜经文古奥,缺乏现代化传播,一旦庞大经藏沦为学术研究之训诂工具,佛教如何能扎根于民间?如何普济僧俗两众?我们希望《宝藏》是百粒芥子,稍稍显现一些须弥山的法相,使读者由浅入深,略窥三昧法要。各书对经藏之解读诠释角度或有不足,我们开拓白话经藏的心意却是虔诚的,若能引领读者进一步深研三藏教理,则是我们的衷心微愿。

大陆版序一

《中国佛教经典宝藏》是一套对主要佛教经典进行精选、注译、经义阐释、源流梳理、学术价值分析，并把它们翻译成现代白话文的大型佛学丛书，成书于二十世纪九十年代，由台湾佛光文化事业有限公司出版，星云大师担任总监修，由大陆的杜继文、方立天以及台湾的星云大师、圣严法师等两岸百余位知名学者、法师共同编撰完成。十几年来，这套丛书在两岸的学术界和佛教界产生了巨大的影响，对研究、弘扬作为中国传统文化重要组成部分的佛教文化，推动两岸的文化学术交流发挥了十分重要的作用。

《中国佛学经典宝藏》则是《中国佛教经典宝藏》的简体字修订版。之所以要出版这套丛书，主要基于以下的考虑：

首先，佛教有三藏十二部经、八万四千法门，典籍浩瀚，博大精深，即便是专业研究者，穷其一生之精力，恐也难阅尽所有经典，因此之故，有"精选"之举。

其次，佛教源于印度，汉传佛教的经论多译自梵语；加之，代有译人，版本众多，或随音，或意译，同一经文，往往表述各异。究竟哪一种版本更契合读者根机？哪一个注疏对读者理解经论大意更有助益？编撰者除了标明所依据版本外，对各部经论之版本和注疏源流也进行了系统的梳理。

再次，佛典名相繁复，义理艰深，即便识得其文其字，文字背后的义理，诚非一望便知。为此，注译者特地对诸多冷僻文字和艰涩名相，进行了力所能及的注解和阐析，并把所选经文全部翻译成现代汉语。希望这些注译，能成为修习者得月之手指、渡河之舟楫。

最后，研习经论，旨在借教悟宗、识义得意。为了将其思想义理和现当代价值揭示出来，编撰者对各部经论的篇章品目、思想脉络、义理蕴涵、学术价值等所做的发掘和剖析，真可谓殚精竭虑、苦心孤诣！当然，佛理幽深，欲入其堂奥、得其真义，诚非易事！我们不敢奢求对于各部经论的解读都能鞭辟入里，字字珠玑，但希望能对读者的理解经义有所启迪！

习近平主席最近指出："佛教产生于古代印度，但传入中国后，经过长期演化，佛教同中国儒家文化和道家文化融合发展，最终形成了具有中国特色的佛教文化，给中国人的宗教信仰、哲学观念、文学艺术、礼仪习俗等留下了深刻影响。"如何去研究、传承和弘扬优秀佛教文化，是摆在我们面前的一个重要课题，人民东方出版传媒有限公司拟对繁体字版的《中国佛教经典宝藏》进行修订，并出版简体字版的《中国佛学经典宝藏》，随喜赞叹，寥寄数语，以叙因缘，是为序。

二〇一六年春于南京大学

大陆版序二

依空

　　身材高大、肤色白皙、擅长军事的亚利安人，在公元前四千五百多年从中亚攻入西北印度，把当地土著征服之后，为了彻底统治这里的人民，建立了牢不可破的种姓制度，创造了无数的神祇，主要有创造神梵天、破坏神湿婆、保护神毗婆奴。人们的祸福由梵天决定，为了取悦梵天大神，需要透过婆罗门来沟通，因为他们是从梵天的口舌之中生出，懂得梵天的语言——繁复深奥的梵文，婆罗门阶级是宗教祭祀师，负责教育，更掌控了神与人之间往来的话语权。四种姓中最重要的是刹帝利，举凡国家的政治、经济、军事、文化等等都由他们实际操作，属贵族阶级，由梵天的胸部生出。吠舍则是士农工商的平民百姓，由梵天的膝盖以上生出。首陀罗则是被踩在梵天脚下的土著。前三者可以轮回，纵然几世轮转都无法脱离原来种姓，称为再生族；首陀罗则连轮回的因缘都没有，为不生族，生生世世为首陀罗，子孙也倒霉跟着宿命，无法改变身份。相对于此，贱民比首陀罗更为卑微、低贱，连四种姓都无法跻身其中，只能从事挑粪、焚化尸体等最卑贱、龌龊的工作。

出身于高贵种姓释迦族的悉达多太子，为了打破种姓制度的桎梏，舍弃既有的优越族姓，主张一切众生皆平等，成正等觉，创立了佛教僧团。为了贯彻佛教的平等思想，佛陀不仅先度首陀罗身份的优婆离出家，后度释迦族的七王子，先入山门为师兄，树立僧团伦理制度。佛陀更严禁弟子们用贵族的语言——梵文宣讲佛法，而以人民容易理解的地方口语来演说法义，这就是巴利文经典的滥觞。佛陀认为真理不应该是属于少数贵族、知识分子的专利或装饰，而应该更贴近普罗大众，属于平民百姓共有共知。原来佛陀早就在推动佛法的普遍化、大众化、白话化的伟大工作。

佛教从西汉哀帝末年传入中国，历经东汉、魏晋南北朝、隋唐的漫长艰巨的译经过程，加上历代各宗派祖师的著作，积累了庞博浩瀚的汉传佛教典籍。这些经论义理深奥隐晦，加以书写的语言文字为千年以前的古汉文，增加现代人阅读的困难，只能望着汗牛充栋的三藏十二部扼腕慨叹，裹足不前。

如何让大众轻松深入佛法大海，直探佛陀本怀？佛光山开山宗长星云大师乃发起编纂《中国佛教经典宝藏》。一九九一年，先在大陆广州召开"白话佛经编纂会议"，订定一百本的经论种类、编写体例、字数等事项，礼聘中国社科院的王志远教授、南京大学的赖永海教授分别为中国大陆北方与南方的总联络人，邀请大陆各大学的佛教学者撰文，后来增加台湾部分的三十二本，是为一百三十二册的《中国佛教经典宝藏精选白话版》，于一九九七年，作为佛光山开山三十周年的献礼，隆重出版。

六七年间我个人参与最初的筹划，多次奔波往来于大陆与台湾，小心谨慎带回作者原稿，印刷出版、营销推广。看到它成为佛教徒家中的传家宝藏，有心了解佛学的莘莘学子的入门指南书，为星云大师监修此部宝藏的愿心深感赞叹，既上契佛陀"佛法不舍一众"的慈悲本怀，更下启人间佛教"普世益人"的平等精神。尤其可喜者，欣闻现大陆出版方东方出版社潘少平总裁、彭明哲副总编亲自担纲筹划，组织资深编辑精校精勘；更有旅美企业家鲁彼德先生事业有成之际，秉"十方来，十方去，共成十方事"之襟怀，促成简体字版《中国佛学经典宝藏》的刊行。今付梓在即，是为序，以表随喜祝贺之忱！

二〇一六年元月

目 录

题　解　001

经　典　023

 1　序　025

 2　卷一城内　037

  永宁寺　037

  建中寺　071

  长秋寺　075

  瑶光寺　077

  景乐寺　081

  昭仪尼寺　085

  胡统寺　090

  修梵寺　091

  景林寺　093

 3　卷二城东　102

  明悬尼寺　102

  龙华寺　104

璎珞寺　108

宗圣寺　109

崇真寺　110

魏昌尼寺　115

景兴尼寺、灵应寺　116

庄严寺　123

秦太上君寺　124

正始寺　130

平等寺　138

景宁寺　150

4　卷三城南　163

景明寺　163

大统寺　169

秦太上公寺　171

报德寺　175

正觉寺　177

龙华寺　183

菩提寺　191

高阳王寺　195

崇虚寺　200

5　卷四城西　202

冲觉寺　202

宣忠寺　206
　　　王典御寺　212
　　　白马寺　213
　　　宝光寺　217
　　　法云寺　219
　　　开善寺　230
　　　追先寺　238
　　　融觉寺　243
　　　大觉寺　246
　　　永明寺　248
　6　卷五城北　256
　　　禅虚寺　256
　　　凝玄寺　257

源　流　301
解　说　309
参考书目　317

《洛阳伽蓝记》一书，顾名思义，是以作者所亲见亲访的洛阳寺宇为其记载对象的。而具有特殊意味的是，作者面对的这一片佛教建筑，既是一种宗教景观，又是一种更为广泛的人文景观。因此，本书所包孕的内涵就显得异常丰富。从历代对本书的著录也能有所体现。

　　最早加以著录的，是隋费长房《历代三宝纪》，这部内典目录从卷四至卷十二著录东汉至隋各代所出佛教诸经等，卷九即有期城郡太守杨衒之的《洛阳伽蓝记》，并全文登录作者自序。此后，唐释道宣《大唐内典录》卷四亦加著录，作者官衔及书名同于《历代三宝纪》的著录。在这些目录中，虽没有明确的归类，但佛教目录加以著录本身，已显示了本书带有佛教典籍的性质。从唐释道世的大型佛教类书《法苑珠林》列之于传记篇，到近代《大正大藏经》收录于史传部，都说明本书与佛教的特殊因缘。从宗教景观的意义上看待《洛阳伽蓝记》，也不限于以上所提到的内典书目。一般的史志如《新唐书·艺文志》列入丙部子录道家类（此处道佛通称），宋郑樵《通志·艺文略》列入释家类，明焦竑《国史经籍志》列入释家寺观类，可见《洛阳伽蓝记》颇以佛教典籍的属性而受人瞩目。

另一方面，自从相当富于权威性的《隋书·经籍志》将《洛阳伽蓝记》著录于史部地理类，《旧唐书·经籍志》、宋晁公武《郡斋读书志》、陈振孙《直斋书录解题》《宋史·艺文志》等因之，至清代《四库全书总目》列为地理类古迹之属，并将之与作于同代的另一部地理名著《水经注》同赞并论。至此，《洛阳伽蓝记》作为史部地理类书的属性已具有某种公论的意味。

综合地看，在《洛阳伽蓝记》类属问题上的分歧，其实正反映了此书内涵的丰富性。其在佛学上的价值与历史地理学上的价值也是相互含摄的。不难看出，作者以史家的征实态度，对洛阳全城寺宇的地理分布，各主要寺宇的由来、建制及相关佛教活动等方面的客观记载，这对保存北魏建都洛阳时期的佛教盛况，无疑是难能可贵之举，因而也为后世佛教人士所乐于称道。需要进一步探究的是，作者对寺塔林立所象征的佛教盛况有否流露褒贬的意向？当时流行的佛教教义乃至佛经样式等有否影响于《洛阳伽蓝记》的撰著？这些问题对确定本书与佛教的关系以及在中国佛学史上的地位，实是关键所在。

唐释道宣撰《广弘明集·辨惑篇》"列代王臣滞惑解"，文中就提到杨衒之撰《洛阳伽蓝记》的意图：

"杨衒之，北平人，元魏末为秘书监。见寺宇壮丽，损费金碧，王公相竞，侵渔百姓，乃撰《洛阳伽蓝记》，言不恤众庶也。"

并提到撰作《洛阳伽蓝记》之后，杨衒之还上书朝廷，其主旨即在述：

"释教虚诞，有为徒费。无执戈以卫国，有饥寒于色养。逃役之流，仆隶之类，避苦就乐，非修道者。又佛言有为虚妄，皆是妄想，道人深知佛理，故违虚其罪。……读佛经者，尊同帝王，写佛画师，全无恭敬，请沙门等同孔老拜俗，班之国史，行多浮险者，乞立严敕，知其真伪。然后佛法可遵，师徒无滥。则逃兵之徒，还归本役，国富兵多，天下幸甚。"

据说其中还"广引财事乞贷，贪积无厌"。这里指出《洛阳伽蓝记》的撰作，是基于现实的富国富民的考虑，因而杨衒之对洛阳"寺宇壮丽"的实况，也就必定含有某种贬斥批判之意。从现有的文献看，讨论杨衒之其人其书与佛教的关系，释道宣的意见是最早的资料，更由于"列代王臣滞惑解"把杨衒之列为历代"废灭"佛教者之一，所以有必要稍作分析。

关于"列代王臣滞惑解"，是释道宣针对初唐反佛者傅奕的《高识传》而写成的，其实可称为"反《高识传》"或"驳《高识传》"。《高识传》原文已佚，不过由道宣的征引可知，傅奕非常欣赏杨衒之的奏书，全文加以抄录，列为"高识"者。道宣则针锋相对地指出：

"衒之此奏，大同刘昼之词，言多庸猥，不经周孔，故虽上事，终委而不施行。而奕美之，彻于府俞，致使净游浪宕之语，备写不遗。斯仍曲士之沉郁，非通人之留意也。"

从护教的立场出发，道宣不能容忍那种抓住佛教流弊而从根本上否定佛教的言论。而刘昼堪称这方面的代表，他上书言："佛法诡诳，避役者以为林薮。又诋诃淫荡，有尼有优婆夷，实是僧之妻妾，损胎杀子，其状难言……"道宣讥之为"吐言孟浪""非正士言"。被视为"大同刘昼之词"的杨衒之奏书，尽管最终要求杜绝伪滥后，不废"佛法可遵"，但在道宣看来，是损害佛教的言论。而出于这样一位"废灭"佛教者之手的《洛阳伽蓝记》，其对佛教界是否构成一种攻击或诋毁呢？

对此，道宣的措辞应当说是相当审慎的。与杨衒之的奏书中直接抨击佛门中人"贪积无厌"相较,《洛阳伽蓝记》成书的动因被看作感愤于社会上"王公相竞"的奢靡。指责对象的不同,也就使这部书与佛教的关系并不显得那么剑拔弩张。事实上,以护教为己任的道宣对此书也未作十分明确的非议。

饶有趣味的是,后世佛教人士还有据《洛阳伽蓝记》记载达摩之语,进而敷衍出杨衒之向达摩禅师问法的逸事(详后文),甚至有将杨衒之归入历代护法王臣行列的。例如明心泰《佛法金汤编》专收"历代护教诸王臣之言行"(卷一),其中就列有杨衒之,载其与达摩会面之逸事,并节录其《洛阳伽蓝记》自序(卷五)。

将杨衒之直接干预佛教的奏书置而不论,仅就《洛阳伽蓝记》一书与佛教的关系来看,似乎具有某种可左可右的弹性。后世评判意见的歧异,固然与《洛阳伽蓝记》所特具的客观、含蓄的记叙方式有关,但客观、含蓄的背后,不能说没有一定的主观倾向性。

首先,对寺宇林立所象征的佛教盛况而言,杨衒之流露出的心情是复杂的,如果仅仅归结为不满于当时贵族社会竞相舍财佞佛,难免简单化了。从杨衒之以北魏旧臣的特殊身份,保存故都洛阳伽蓝旧貌的心愿,可以得到证明。他在《洛阳伽蓝记》自序中追叙北魏极盛时代的洛阳伽蓝道:

"于是昭提栉比,宝塔骈罗;争写天上之姿,竞模山中之影;金刹与灵台比高,广殿共阿房等壮。岂直木衣绨绣,土被朱紫而已哉!"

及至东魏孝静帝武定五年(公元五四七年),时值北魏分裂为东西二魏,洛阳不复为京城已十三年,作者因行役重览洛阳,眼前的景象则是:

"城郭崩毁,宫室倾覆,寺观灰烬,庙塔丘墟。墙被蒿艾,巷罗荆棘,野兽穴于荒阶,山鸟巢于庭树。游儿牧竖,踯躅于九逵;农夫耕老,艺黍于双阙。麦秀之感,非独殷墟;黍离之悲,信哉周室!京城表里,凡有一千余寺,今日寥廓,钟声罕闻。恐后世无传,故撰斯记。"

他把自己的触景生情,比作有"麦秀之感"与"黍离之悲"的古人,可见其北魏旧臣的身份意识是十分强烈的。"麦秀之感"据《史记·宋微子世家》,殷朝忠臣箕子前往周朝的朝廷,途经殷朝故都,见原为自己父母之国的土地已成废墟,宫室毁坏,麦草茂盛,感伤不已。"黍离之悲",典出《诗经·王风·黍离》,据说东周初年,一位不知名的西周旧官员来到故都宗周,见原来是宗庙宫室的地方,都长满禾黍,不胜感慨。京都是国家的中心,尤其是北魏孝文帝于太和十九年(公元四九五年)定都于洛阳后,励行汉化,推动文治,使中原士族文化传统得以接轨、振兴,洛阳作为一代政治与文化中心的意义，当是很显然的。而北魏时期的佛教多是直接由执政者加以提倡扶植，具有明显的"国家宗教"的特点。因此，对于沉浸在缅怀北魏昔日荣华之情的作者来说，洛阳伽蓝旧貌不仅是佛教隆盛的象征，而且是北魏国运的象征。正是由于这种双重的象征性，他处理主要记叙对象——洛阳伽蓝时，保存之心胜过审判之意，"恐后世无传"，故汲汲以"撰斯记"自任。这种特定的创作心态，当然不应混同于信教者的护教热情，也自与反佛的调子相距甚远。

其次，全书的素材选择，如作者自序所介绍，"今之所录，止大伽蓝，其中小者，取其祥异，世谛俗事，因而出之"。对于"祥异"的留意，是贯穿在全书记事中的一大特色。无论是记"京师迁邺"的重大历史变故，还是记佛像、阎罗王、洛神、草木等的神异见闻，不难发现，作者的笔端常常流露出对佛教的某种神秘力量的肯定。以代表着北魏政治结束的"京师迁邺"而言，书中在卷一永宁寺条、卷二平等寺条及卷四永明寺条三度叙及，竟每每伴随佛教灵征出现：

"永熙三年二月，浮图为火所烧。……火初从第八级中平旦大发，当时雷雨晦冥，杂下霰雪，百姓道俗，咸来观火。悲哀之声，振动京邑。时有三比丘，赴火而死。火经三月不灭。有火入地寻柱，周年犹有烟气。其年五月中，有人从东莱郡来，云：'见浮图于海中，光明照耀，俨然如新，海上之民，咸皆见之。俄然雾起，浮图遂隐。'至七月中，平阳王为侍中斛斯椿所挟，奔于长安。十月而京师迁邺。"

"永熙元年，平阳王入篡大业，始造五层塔一所。……至三年二月五日，土木毕功，帝率百僚，作万僧会。其日，寺门外有石像，无故自动，低头复举，竟日乃止。帝躬来礼拜，怪其诡异。中书舍人卢景宣曰：'石立社移，上古有此，陛下何怪也？'帝乃还宫。七月中，帝为侍中斛斯椿所使，奔于长安。至十月终，而京师迁邺焉。"

"（孟仲）晖遂造人中夹纻像一躯，相好端严，希世所有，置（元景）皓前厅须弥宝座。永安二年中，此像每夜行绕其座，四面脚迹，隐地成文。于是士庶异之，咸来观瞩。由是发心者，亦复无量。永熙三年秋，忽然自去，莫知所之。其年冬，而京师迁邺。"

从叙述的笔致看，永宁寺九级浮图为火所烧、平等寺门外石佛像无故自动、景皓前厅夹纻佛像忽然消失三件怪异之事，都成为京师迁邺、北魏灭亡的不可思议的神兆灵征。

尽管作者没有直露地赞扬宗教奇迹的魅力，但萦绕在全书中的谈神说怪的气息，不得不令人感到，作者是受到因佛教东传而大为强化的神灵信仰的影响的。神异是超人能力的示现，正如日本学者柳田圣山所指出的，"神异之特别地被感觉为神异，这在以神异为不寻常的社会里，是显然的"（《中国禅思想史》，页二六）。作者一方面以其史笔如实地记录下当时社会对佛教异事的不寻常的反应，例如以上所举到的夹纻佛像"每夜行绕其座，四面脚迹，隐地成文"。这作事引起士庶的惊异，乃至触动无数人发愿皈依佛门。另一方面，作者自身的反应也并不是视"怪力乱神"为异端邪说，相反，却以真切的笔调作细致的描述，例如卷一昭仪尼寺条附记愿会寺曰：

"佛堂前生桑树一株，直上五尺，枝条横绕，柯叶傍布，形如羽盖；复高五尺，又然。凡为五重，每重叶椹各异。京师道俗谓之神桑，观者成市，布施者甚众。帝闻而恶之，以为惑众，命给事黄门侍郎元纪伐杀之。其日云雾晦冥，下斧之处，血流至地，见者莫不悲泣。"

佛塔、佛像乃至佛堂前的植物所发生的种种不可思议的神变，作者写来，不见任何揶揄的语气。神桑被伐流血，也有预示国家将要倾覆的灵征意味。元纪任黄门侍郎在永熙年间，神桑遭厌弃与砍伐当是北魏末年之事。"其日云雾晦冥"的天象，与洛阳第一伽蓝永宁寺为火所烧时"雷雨晦冥，杂下霰雪"的描写，也如出一辙。

杨衒之"取其祥异"的采录方针，超出世俗一般的猎奇拾遗的趣味。这不仅体现在贯穿全书的深沉的历史兴亡感，以及惩恶扶善的道德责任心，而且从他以近乎整卷的篇幅综合载录宋云与惠生的西行报告（学界简称为《宋云行纪》），尤能看出他对印度佛教不乏理解。本来，从全书的构成着眼，卷五记城北凝玄寺，引出大段《宋云行纪》，与前四卷的体例相比，难免给人突兀的印象。但这番安排，若从作者对佛教灵征奇迹的态度上着眼，则可谓是顺理成章的。也就是说，作者如此饶有兴致地登用《宋云行纪》以作第五卷的主体，与他在前四卷表现的对佛教神异的态度，是有着某种内在的逻辑性的。学术界对所录《宋云行纪》的资料价值已给予充分的评估，但对于杨衒之为何将之录入书中，往往没有引起足够的注意。

南北朝时期西行求法之风颇盛。惠生一行人的西行，是受当政的胡太后之命，"向西域取经"。由于《洛阳伽蓝记》的采录，他们的西行报告得以存世，成为北魏人求法活动的珍贵史料。在所采录的内容中，除了行程、沿途各国风土人情等的简略介绍之外，相当的笔墨是用于"寻如来教迹"。"如来教迹"不同于一般的古迹，而是代表佛陀的人格的奇迹与教化的神力，因而"教迹"本身就是神异的。例如：

佛晒衣处——初，如来在乌场国行化，龙王瞋怒，兴大风雨，佛僧迦梨表里通湿。雨止，佛在石下东面而坐，晒袈裟。年岁虽久，彪炳若新。

佛履石之迹——履石之处，若践水泥。量之不定，或长或短。

杨枝植地成大树处——佛本清净，嚼杨枝，植地即生，今成大树，胡名曰婆楼。

佛剥皮为纸、折骨为笔处——折骨之处，髓流着石，观其脂色，肥腻若新。

佛作摩竭大鱼以肉济人处——河西岸上，有如来作摩竭大鱼，从河而出，十二年中以肉济人处。起塔为记，石上犹有鱼鳞纹。

也许最足以说明杨衒之倾心于神异的"如来教迹"的，是他在综合载录惠生、宋云二人的西行报告（即《惠生行记》《宋云家记》）的同时，还特意参照比勘了北魏太武帝末年西行僧人道药的有关记叙（即《道药传》）。书中引《道药传》共有七处，前六处集中在记雀离浮图一段，或考异，或补缺；后一处完全是补惠生与宋云行纪所未备的一系列佛迹。雀离浮图，号称西域佛塔"第一"，它的来历，就是十分神异的："推其本源，乃是如来在世之时，与弟子游化此土，指城东曰：'我入涅槃后二百年，有国王名迦腻色迦此处起浮图。'佛入涅槃后二百年，果有国王字迦腻色迦出游城东，见四童子累牛粪为塔，可高三尺，俄然即失。"因此，即使是对它的方位、建制有所考异，也不减其神秘色调。何况作者还留心从《道药传》中摘出未经记载的如下一节文字：

"《道药传》云：王修浮图，木工既讫，犹有铁柱，无有能上者。王于四角起大高楼，多置金银及诸宝物，王与夫人及诸王子悉在上烧香散花，至心请神，然后辘轳绞索，一举便到。故胡人皆云四天王助之，若其不尔，实非人力所能举。"

如果杨衒之对"如来教迹"所象征的佛教神通力，没有发生任何的吸引与领会，那么他何以不惮其烦予以勘异补缺呢？

其三，全书的行文体制，采取正文与子注相配的方式，具有事类易从、经纬分明的长处。这一结撰方式，出于魏晋南北朝时期佛书合本子注之体。陈寅恪《读〈洛阳伽蓝记〉书后》一文首揭此意（载《历史语言研究所集刊》第八本第二分，一九三九年九月）。所谓合本子注，乃是僧徒因佛经传译过程中，出现同本异译等新问题，"若其偏执一经，则失兼通之巧；广披其三，则文烦难究"，于是出现了巧而不烦的合抄之书，即以某一译文为本，以其他译文为子，"分章断句，使事类相从，令寻之者瞻上视下，案彼读此"（支敏度《合维摩诘经序》，载《出三藏记集》卷八）。杨衒之《洛阳伽蓝记》一书取材之博，无庸赘言。记一代名都的佛寺，同时还要使"世谛俗事，因而出之"，不可谓不烦，那么，组织之功、结构之巧就必不可少。佛书合本子注的体例能够被他作有效的模拟，也说明他对当时的佛学是有所习染的。事实上，周祖谟校注本依据陈寅恪之说，致力于阐明杨书体例，确能相当成功地再现原书以简驭繁之效。

总之，作者有志于再现洛阳伽蓝旧貌，主观上并非出于护教的热情，但也不是一味旨在批判贵族社会的佞佛成风。萦绕在全书中的谈神说怪的气息，更为内在地说明，作者受到因佛教东传而大为强化的神灵信仰的影响。这一点尤其能构成本书与佛教思想的一段不算太浅的因缘。杨衒之以如椽之笔保存洛阳伽蓝之功，以及贯穿于全书的对佛教神异的理解力，加上著述体制上吸取魏晋南北朝僧徒合本子注之例，也就基本上决定了本书在中国佛学史上有其相应的历史地位。

关于杨衒之的生平事迹，当朝及后代正史中未见其传记，资料颇为零散。在这样的情况下，他唯一存世的专著《洛阳伽蓝记》中自述的经历、所反映的个人志趣等，就成了最可信据的传记资料。

先看他的姓氏与官衔。现行的《洛阳伽蓝记》各版

题解 015

本均署为"魏抚军府司马杨衒之撰"。他的姓，唐以后著录中也有记作"羊"（《史通·补注篇》、《郡斋读书志》、《通志·艺文略》、《百川书志》五），又作"阳"（《新唐书·艺文志》、《元河南志》三）。"羊"大概是同音之讹，《四库提要》即已加以辨正。衒之的籍贯，唯有唐释道宣《广弘明集》卷六提到是"北平人"。由此，周延年推定他当是北平无终人阳固之子或族子，因《魏书·阳固传》载阳固有子名休之、诠之，与衒之排名方式一致，并且北平阳氏家族是以文章传家。（《洛阳伽蓝记注》附《杨衒之事实考》）这一推论不无道理，只可惜没有更直接的资料作进一步的确证。他的官衔，除了以上所提到的抚军府司马，隋费长房《历代三宝纪》、唐道世《法苑珠林》、道宣《大唐内典录》《续高僧传》则有"期城郡太守"或"期城郡守"的职衔（《法苑珠林》作"元魏邺都期城郡守"，范祥雍辨期城郡与邺都无涉，参其《校注》附录一）；道宣《广弘明集·辨惑篇》还记其于元魏末为"秘书监"。以上诸官位的具体任职时间及前后关系，由于资料缺乏，难以落实。在《洛阳伽蓝记》中，作者述及自己永安年间（公元五二八—五二九年）"为奉朝请"。

再看他的经历与人际交往。在他的一生中，颇为得意的事情之一，是他身为奉朝请时，"庄帝马射于华林园，百官皆来读(苗茨)碑，疑'苗'字误"。当众官疑惑不解之际，衒之释曰："以蒿覆之，故言苗茨，何误之有？"众咸称善，以为得其旨归(卷一景林寺条)。学识出众的喜悦溢于言表。另外，他还言及曾于永宁寺九级浮图建成后，登上过这一举世无双的建筑：

"装饰毕功，明帝与太后共登之。视宫内如掌中，临京师若家庭。以其目见宫中，禁人不听升之。衒之尝与河南尹胡孝世共登之，下临云雨，信哉不虚！"(卷一永宁寺条)

从前后文叙事的时序看，登塔时间当在孝明帝熙平元年(公元五一六年)至孝昌二年(公元五二六年)之间。从语气上不难感到，一方面是上有禁令，不让登塔；一方面是作者获得机会，亲临塔顶。作者似乎得到朝廷的一种眷顾或优待。也应当是在这十年间所发生的一件事，就是菩提达摩来游中土，赞美永宁寺九级浮图。杨衒之记载道：

"时有西域沙门菩提达摩者，波斯国胡人也。起自荒裔，来游中土。见金盘炫日，光照云表；宝铎含风，响出天外，歌咏赞叹，实是神功。自云：年一百五十岁，历涉诸国，靡不周遍，而此寺精丽，阎浮所无也，极佛境界，亦未有此。口唱南无，合掌连日。"

菩提达摩向被推为禅宗初祖，因这里对达摩禅师言行的记载十分亲切，以至于后世禅文献中出现达摩与本书作者相与问答的记事。最早的当数中唐的《宝林传》卷八，其后，《祖堂集》卷二（记作"期城太守杨衒"）、北宋的《景德传灯录》卷三及《祖庭事苑》卷八"释名谶辨"条都加以记载。杨衒之作为见证人，亲见北魏极盛之时洛阳"昭提栉比，宝塔骈罗"；目睹极盛而衰，昔日繁华的帝京变为废墟。从本书自序中可知，强烈的对比使他受到刺激，乃至发愤立下著述之志的，是缘于他在东魏孝静帝武定五年（公元五四七年），"因行役，重览洛阳"。

　　关于他的文才与作品。衒之序《洛阳伽蓝记》时自谦道："余才非著述，多有遗漏，后之君子，详其阙焉。"其实，杨衒之是相当富于文才的。《洛阳伽蓝记》一书的不可多得，既表现在整体组织上的善于经纬，又表现在熔史笔与文采于一炉的局部描述。他的文学趣味也有其特色，即爱赏"清词丽句"（借用作者在卷二景宁寺条评杨元慎语）。所谓清丽，在《洛阳伽蓝记》的行文中，尤其体现为酷爱整齐的四字句，同时发挥散文化句式的长处，节奏感与自由韵律得以有机结合，从而形成了一种雅正而华美的风格。除了《洛阳伽蓝记》，据《广弘明集》卷六，他为秘书监时，有《上东魏主书》（原文无标题，《全北齐文》据以收录时作此题）；

又据《祖庭事苑》卷八"祖偈翻译"条，他还撰有《名系记略》，不过其书已佚。

《洛阳伽蓝记》一书存世刻本较多，大要不出两个系统，一为明嘉靖年间（公元一五二二——一五六六年）陆采刊行的如隐堂本，一为万历年间（公元一五七三——一六一九年）吴琯所刻《古今逸史》本。参酌《古今逸史》本，对如隐堂本有所校改的，为崇祯年间（公元一六二八——一六四四年）毛晋《津逮秘书》本，这是如隐堂本的最早校本。以上为《洛阳伽蓝记》的明刻本。

到了清代，又有数种刊本问世，即乾隆年间（公元一七三六——一七九五年）王谟辑校的《汉魏丛书》本（源于《古今逸史》本）；嘉庆十年（公元一八〇五年）张海鹏刊行的《学津讨原》本（据津逮秘书本翻刻，略有更改）；嘉庆十六年（公元一八一一年）吴自忠所刻的真意堂活字本（源于如隐堂本，并参酌《津逮秘书》本、《汉魏丛书》本）；成书于道光十三年的吴若准《洛阳伽蓝记集证》本（主要出自如隐堂本，并参稽众本略有改易）。这一时期，另有乾隆年间励守谦家藏本（收为《四库》本），不甚详其所据。

二十世纪以来，较为重要的刊本，有一九一五年董康诵芬室影如隐堂本（并据真意堂本补如隐堂原刊本缺页）；同一年唐晏所撰《洛阳伽蓝记钩沉》本（在吴若准《集证》本基础上更作钩稽勘定）；一九三〇年张宗祥《合校》本（备记诸家异义，不以某本为定本）；一九三七年周延年所撰《洛阳伽蓝记注》本（依唐晏《钩沉》本次第，施以注释，不复措意校雠），这是对《洛阳伽蓝记》全面施加诠解的第一个注释本。时隔二十一年，一九五八年出版的周祖谟《洛阳伽蓝记校释》与范祥雍《洛阳伽蓝记校注》，使本书的校勘与注释水平大为提高。周祖谟校释本据为底本的是董康诵芬室影如隐堂本，其最富创意处在于校勘上除采取明以来诸刻本外，还发现《元河南志》（承袭北宋宋敏求旧志）卷三记后魏城阙市里之文当为《洛阳伽蓝记》的北宋本，明《永乐大典》（取材于宋元相传之旧本）所引《洛阳伽蓝记》三十四条，也相当于明以前的一个古本，有其校勘价值；在恢复原书体制上，较前人更为妥帖地厘清正文与子注之分，使上下文句得以条贯统序。范祥雍校注本以如隐堂本为底本，广征博引，细为校勘，其对词语典据、地名地理掌故等的详释，甚便学者利用。大约同时，台湾出版徐高阮所编《重刊洛阳伽蓝记》（公元一九五九年）。

《洛阳伽蓝记》一书的域外刊本，首先要提到的是日本《大正新修大藏经》本，其史传部收此书，亦据如隐堂本排印，并参校他本，列其异文于下。至于《洛阳伽蓝记》的外文译注本，则有出版于一九七四年的日文本，以及出版于一九八四年的英文本。前者出于日本汉学家入矢义高之手，以周祖谟《校释》本为主要依据，并参稽范氏《校注》等，在语言的对译中，体现了独到的慧解与明断，并且从其注释中，也可借以了解相关领域内日本学者的新成果。后者出自美籍华裔中国学家王伊同（Yi-tung Wang）之手，广泛参考已有的学术成果，包括七十年代问世的日文译注本和田素兰《洛阳伽蓝记校注》，配有英文索引，此书列入《普林斯顿亚洲译丛》（Princeton Library of Asian Translation）。

这次我为《中国佛教经典宝藏》丛书承担《洛阳伽蓝记》的今注今译，应该说现有的关于校勘、诠解方面的卓著成果，使我得益甚多，难以一一备列。对于原文字句、段落划分，主要依据周祖谟《校释》本，间有据入矢义高日译本而稍作段落调整之处。凡原文与别本相校有异字或缺字的，《校释》本均随文出校记或加标识，而我则一概略去（除非有重大差异，便于注中显示），当然，文字的取舍与增删只是表示我对原书义例的某种认识，读者如欲了解原书各传刻本的详情，还请参阅周祖谟等学者的精校本。自从唐刘知幾谓杨衒之撰此书的体例是"定彼蓁楛，列为子注"（《史通·补注篇》），清顾广圻据以指出："此书原用大小字分别书之。"（《洛阳伽蓝记跋》，载《思适斋集》卷十四）也就是说，原书应有正文与子注的分别。周祖谟《校释》本对子注皆分行低格书写。我仍然采用此法，并对分行低格书写的子注更处理为小字，目的是清晰地显示与大字的正文相区分。至于古文今译，也力图在理解准确的基础上，尽可能传达原著的那种整饬与散行兼美的风格。

　　关于本书副标题，拟定为"'梵乐法音'今何在"。其中"梵乐法音"四字出于卷三景明寺条。景明寺是与卷一永宁寺媲美的一所大寺，由世宗宣武帝元恪所立。他在位时，这里成为洛阳全城佛教"行像"活动的中心。作者对这一活动进入高潮时的场面描述道："于时金花映日，宝盖浮云；幡幢若林，香烟似雾；梵乐法音，聒动天地……""梵乐法音"作为一种听觉形象，也许最能象征拥有一千多所寺院的洛阳的繁盛。而当作者于北魏消亡后"重览洛阳"之际，眼前寺塔"寥廓"，耳畔"钟声罕闻"（自序）。他立志要尽其心智，让梵钟之声在文字中得以传响后世；字里行间难以抑制的，更有一份恍若隔世的情怀。这也许正构成了《洛阳伽蓝记》的情感旋律吧！

　　（编案：关于作者所写副标等文字，因本套书体例无副标，故未采用，特在此说明。）

经典

1　序

原典

三坟五典①之说，九流百代②之言，并理在人区，而义兼天外。至于一乘③二谛④之原，三明⑤六通⑥之旨，西域备详，东土靡记。

自项日感梦⑦，满月流光，阳门⑧饰豪眉⑨之像，夜台⑩图绀发⑪之形。尔来奔竞，其风遂广。至晋永嘉，唯有寺四十二所⑫。逮皇魏⑬受图⑭，光宅⑮嵩洛⑯，笃信弥繁，法教愈盛。王侯贵臣，弃象马⑰如脱屣⑱；庶士豪家，舍资财若遗迹。于是昭提⑲栉比，宝塔骈罗；争写天上之姿⑳，竞模山中之影㉑；金刹㉒与灵台㉓比高，广殿共阿房㉔等壮。岂直木衣绨绣，土被朱紫㉕而已哉！

暨永熙多难，皇舆㉖迁邺㉗，诸寺僧尼，亦与时徙。至武定五年，岁在丁卯，余因行役㉘，重览洛阳。城郭崩毁，宫室倾覆，寺观灰烬，庙塔丘墟。墙被蒿艾，巷罗荆棘，野兽穴于荒阶，山鸟巢于庭树。游儿牧竖，踯躅[29]于九逵[30]；农夫耕老，艺黍于双阙[31]。麦秀之感[32]，非独殷墟；黍离之悲[33]，信哉周室！

京城表里，凡有一千余寺，今日寥廓，钟声罕闻。恐后世无传，故撰斯记。然寺数最多，不可遍写，今之所录，止大伽蓝[34]，其中小者，取其祥异，世谛俗事，因而出之。先以城内为始，次及城外。表列门名，以记远近。凡为五篇。余才非著述，多有遗漏，后之君子，详其阙焉。

太和十七年，高祖迁都洛阳[35]，诏司空公穆亮营造宫室。洛阳城门依魏晋旧名[36]。

东面有三门：北头第一门曰建春门，汉曰上东门，阮籍诗曰[37]"步出上东门"，是也。魏晋曰建春门，高祖因而不改。次南曰东阳门，汉曰中东门，魏晋曰东阳门，高祖因而不改。次南曰青阳门，汉曰望京门，魏晋曰清明门，高祖改为青阳门。

南面有四门：东头第一门曰开阳门，初，汉光武迁都洛阳，作此门始成，而未有名，忽夜中有柱自来在楼上，后琅琊郡开阳县上言南门一柱飞去，使来视之，则是也，遂以开阳为名。自魏及晋，因而不改，高祖亦然。次西曰平昌门，汉曰平门，魏晋曰平昌门，高祖因而不改。次西曰宣阳门，汉曰小苑门，魏晋曰宣阳门，高祖因而不改。次西曰津阳门，汉曰津门，魏晋曰津阳门，高祖因而不改。

西面有四门：南头第一门曰西明门，汉曰广阳门，魏晋因而不改，高祖改为西明门。次北曰西阳门，汉曰雍门，魏晋曰西明门，高祖改为西阳门。次北曰阊阖门，汉曰上西门，上有铜璇玑玉衡[38]，以齐七政[39]。魏晋曰阊阖门，高祖因而不改。次北曰承明门。承明者，高祖所立，当金墉城[40]前东西大道。迁京之始，宫阙未就，高祖住在金墉城，城西有王南寺，高祖数诣寺，与沙门论议，故通此门，而未有名，世人谓之新门。时王公卿士常迎驾于新门，高祖谓御史中尉李彪曰："曹植诗[41]云：'谒帝承明庐。'此门宜以承明为称。"遂名之。

北面有二门：西头曰大夏门，汉曰夏门，魏晋曰大夏门，高祖因而不改。（宣武帝[42]）造三层楼，去地二十丈。洛阳城门楼皆两重，去地百尺，惟大夏门甍栋干云[43]。东头曰广莫门，汉曰谷门，魏晋曰广莫门，高祖因而不改。广莫门以西至于大夏门，宫观相连，被诸城上也。

一门有三道[44]，所谓九轨[45]。

注释

① **三坟五典**：远古时代的书籍名，据说为三皇五帝之书，具体内容已不详。

② **九流百代**：诸子百家。九流指战国时的九个学术流派，即儒家、道家、阴阳家、法家、名家、墨家、纵横家、杂家、农家。

③ **一乘**：指佛乘。《法华经·方便品》："十方佛土中，唯有一乘法，无二亦无三。"所谓乘，喻佛法能运载众生到达涅槃彼岸。

④ **二谛**：世谛（世俗谛）和真谛（第一义谛），即世俗的真理和超世俗的真理。佛教依此二谛，归于一乘法。

⑤ **三明**：又称三达。指明白了知我及众生一生乃至百千万亿生之相状之智慧的宿命明；了悟众生死时生时、善色恶色，或因行邪法、正法而成就命终生恶趣、善趣等生死相状之智慧的天眼明；了知如实证得四谛之理，解脱漏心并断除一切烦恼的根源的漏尽明。

⑥ **六通**：六种神通力，即身通、天眼通、天耳通、他心通、宿命通、漏尽通。

⑦ **项日感梦**：传说汉明帝（刘庄，公元五七—七五年在位）梦见项背闪着日月之光的神人（佛）。这

被当作佛教传入中国的最初的契机。本书卷四白马寺条述作："帝梦金人，长六丈，项背日月光明。"

⑧ **阳门**：开阳门的略称。

⑨ **豪眉**：年寿高者常有的长眉毛，这里与下句的"绀发"各指佛所具的寿相之一。

⑩ **夜台**：这里指显节陵。汉明帝生前为自己修造的陵墓。

⑪ **绀发**：绀青色的头发。

⑫ **唯有寺四十二所**：《魏书·释老志》："晋世洛中佛图有四十二所矣。"

⑬ **皇魏**：犹言大魏，是作者对北魏的尊称。

⑭ **受图**：图指神秘的图谶之文，意为受天命。

⑮ **光宅**：光，大的意思，形容有气派；宅，定居的意思。

⑯ **嵩洛**：嵩即嵩山，在洛阳东南；洛即洛水，流经洛阳南。这里以当地山水指称洛阳之地。

⑰ **象马**：据说佛将象马车乘等布施他人，因之指个人财富。

⑱ **脱屣**：脱鞋，这里与下句的"遗迹"即忘记自己的足迹，用来比喻轻易之至。

⑲ **昭提**：梵语拓斗提奢，义为四方。后省作拓提，误为招提，为寺院的别称。

⑳ **天上之姿**：传说佛升上忉利天为母说法，其间优填王制作出佛像，这被看作佛像制作的开始，因之指佛像。

㉑ **山中之影**：佛在雪山中经历六年苦行的形象，成为画像或壁画的素材，因之也指佛像。

㉒ **金刹**：刹指旗杆。印度及西域的堂塔之前立杆，顶端以珠宝装饰成火焰之形，以作佛寺的标记。因之也指高大的佛塔。

㉓ **灵台**：汉光武帝（刘秀，公元二五—五七年在位）所建高台，用来观望云气，其大小据《水经注》谷水条："高六丈，方二十步。"

㉔ **阿房**：秦始皇帝所建宫殿，以规模宏壮闻名，据《史记·秦始皇本纪》："东西五百步，南北五十丈，上可以坐万人，下可以建五丈旗。"

㉕ **木衣绨绣，土被朱紫**：指寺舍各处雕画粉饰，美如锦绣。

㉖ **皇舆**：国君所乘之车，借喻为朝廷。

㉗ **迁邺**：指永熙三年（公元五三四年）七月，孝武帝元修为斛斯椿所迫，逃往长安。同年十月，高欢拥立孝静帝（元善见，公元五三四—五五〇年在位）即位，随即迁都于邺，此后为东魏之世。

㉘ **行役**：因服役或公务而跋涉在外，又指行旅之

事。武定五年（公元五四七年），作者重览洛阳。关涉其时故都面貌的大事，有四年前（公元五四三年）豫州刺史高仲密叛乱，南阳王元宝炬之子突与宇文黑獭支援叛乱，迫近洛阳，高欢迎战于城北邙山而将其击溃。更有九年前（公元五三八年）东魏侯景之军将北魏独孤信围困于洛阳时，火烧洛阳内外全部官寺，民宅残存十之二三。

㉙ **踯躅**：住足，踏步不前。

㉚ **九逵**：四通八达的大道。

㉛ **双阙**：皇帝宫门两旁立有双柱的建筑，又称双观。

㉜ **麦秀之感**：据《史记·宋微子世家》，箕子前往周朝的朝廷，途经殷朝故都，见原为自己父母之国的废墟上，宫室毁坏，麦草茂盛，感伤不已。

㉝ **黍离之悲**：据《诗经·王风·黍离序》，一位周朝的官员外出，途经故都宗周，见原来是宗庙宫室的地方，都长满禾黍，悲悯周朝已成废墟。

㉞ **伽蓝**：梵语僧伽蓝摩的略称，义为众园，即众僧的住所，因之指佛寺。

㉟ **高祖迁都洛阳**：孝文帝（元宏，公元四七一—四九九年在位）庙号为高祖，定迁都之计在太和十七年（公元四九三年），正式由平城迁都洛阳在两年后。

㊱ **依魏晋旧名**：指基本上沿用魏晋时的城门称号，

下文提到有少数改名的情况。

㊲ **阮籍诗曰**：指其所作《咏怀》组诗中的一首，阮籍（公元二一〇—二六三年）为魏晋之际人，诗中不用当时的地名，而用前朝旧名，这往往出于诗人某种修辞的需要。

㊳ **璇玑玉衡**：以玉为饰的观测天象的仪器，即浑天仪的前身。

㊴ **以齐七政**：七政即日月与五星，指辨别天象。

㊵ **金墉城**：魏明帝（曹叡，公元二二六—二三九年在位）于洛阳西北所筑之城。

㊶ **曹植诗**：指其《赠白马王彪》诗。

㊷ **宣武帝**：名元恪（公元五〇〇—五一五年在位）。

㊸ **甍栋干云**：甍与栋义同，指屋栋触云，形容其高。

㊹ **三道**：指城内大道分作三条，正中为御道，两边筑有四尺高的土墙，为公卿高官专用的道路；两旁则为一般人的通道，规定左进右出。

㊺ **九轨**：轨即车辙，指道路之宽可容九辆车并行。

译文

古书三坟、五典的意见，以及诸子百家的议论，所阐述的道理都包容于人世之内，兼及离尘超世的思想。但是，要说到一乘、二谛的原理，以及三明六通的旨趣，则西方诸国论说详备，位于东方的中国却不见记载。

自从颈项生辉的佛出现于汉明帝的梦中，那满月一般的容颜流光溢彩，于是开阳门上造起面有寿眉的佛像，帝陵中绘出青发满头的佛画。此后，人们争相皈依，信佛的风气就扩大开来。下及晋朝永嘉年间（公元三〇七—三一三年），只有佛寺四十二所。到了大魏受天命，定都于洛阳，佛教信仰更加普遍，佛法之教更加兴盛。王侯贵臣像脱鞋那样轻易地施舍象马，士民富豪抛弃钱财就好比遗忘了自己的足迹。因此寺院鳞次栉比，宝塔星罗棋布，竞相描摹佛的天上的身姿，刻画他在山中的形象。金刹好像要与灵台一比高低，讲堂与阿房宫的规模不相上下，何止是木材雕画似锦，地面着色如画！

至永熙（公元五三二—五三四年）之世频遭动乱，朝廷迁都于邺，各寺僧尼也同时移居。到了武定五年（公元五四七年）丁卯之岁，我因公事路过，再次观览洛阳。城墙毁坏，宫室倒塌，寺院归于灰烬，庙塔变成废墟。墙上布满野草，巷中荆棘丛生，荒废的台阶栖息着野兽，庭中的树木任山鸟筑巢。玩耍的孩子和牧童在大道上踏步不前，种田的老汉和农夫在皇宫门前种植禾黍。从此知道了对麦秀的感叹，不只是目睹殷都废墟的人才有；对黍离的悲情，实在是痛心于周代朝政的灭亡。

京城内外共有一千多所佛寺，现在废毁了，钟声也听不到。恐怕后世无法了解，所以撰写此记。但寺数甚多，不能全作描写，这里所记录的，限于大伽蓝，那些中、小伽蓝则选取有怪异传闻的，因而引出世俗之事。先从城内写起，顺次及于城外。列出城门的名字，以便记叙远近方位。全书由五篇组成。我缺乏著书立说的才能，难免多有遗漏，将来的博雅学士，请一一指出我的不足之处。

太和十七年（公元四九三年），高祖决定将国都迁往洛阳，下令司空大臣穆亮建造宫殿。洛阳的城门则沿用魏晋时的旧名。

东面有三座城门：最北端的门叫建春门，在汉代叫上东门，阮籍的诗句有"步出上东门"，就是指此。魏晋时叫建春门，高祖沿用不改。顺次靠南的叫东阳门，在汉代叫中东门，魏晋时叫东阳门，高祖沿用不改。再靠南的叫青阳门，在汉代叫望京门，魏晋时叫清明门，高祖改为青阳门。

南面有四座城门：最东端的门叫开阳门，当初，汉光武帝把国都迁往洛阳，这座城门才建成时，还没有名称，忽然有一夜楼上自动出现一根柱子，后来琅琊郡开阳县向朝廷报告，南门的一根柱子不翼而飞，朝廷来人视察，正是那根柱子，因此就以"开阳"为城门之名。从魏到晋沿用而不改，高祖也是如此。顺次靠西的叫平昌门，在汉代叫平门，魏晋时叫平昌门，高祖沿用不改。顺次靠西的叫宣阳门，在汉代叫小苑门，魏晋时叫宣阳门，高祖沿用不改。再靠西的叫津阳门，在汉代叫津门，魏晋时叫津阳门，高祖沿用不改。

西面有四座城门：最南端的门叫西明门，在汉代叫广阳门，魏晋时沿用而不改，高祖改为西明门。顺次靠北的叫西阳门，在汉代叫雍门，魏晋时叫西明门，高祖改为西阳门。顺次靠北的叫阊阖门，在汉代叫上西门，上面放置铜制的天文仪器，观测日月星辰的运行，从而忖度时政方面有否失误。魏晋时叫阊阖门，高祖沿用不改。再靠北的叫承明门，承明门为高祖所建，正当金墉城前的东西大道。迁都初期，宫殿尚未造好，高祖住在金墉城，城西有王南寺，高祖多次前往此寺与沙门谈论教义，因而开设了此门，可是没有起名，世人以"新门"相称。当时公卿臣僚常常在新门迎候皇帝的大驾，高祖对御史中尉李彪说："曹植的诗中说：'谒帝承明庐。'这个门用'承明'来称呼很适宜。"所以就这样取名了。

北面有两座城门：西端的叫大夏门，在汉代叫夏门，魏晋时叫大夏门，高祖沿用不改。宣武帝建造了三层楼，离地二十丈。洛阳城门的门楼都是两层，离地百尺，只有大夏门的屋栋高入云霄。东端的叫广莫门，在汉代叫谷门，魏晋时叫广莫门，高祖沿用不改。从广莫门以西到大夏门之间，宫廷建筑连成一片，笼罩了城墙。

　　每座城门连通的道路有三条，就是所谓可容九辆车并行的大道。

2　卷一城内

永宁寺

原典

永宁寺，熙平元年灵太后胡氏①所立也。在宫前阊阖门南一里，御道西。

其寺东有太尉府②，西对永康里，南界昭玄曹③，北邻御史台④。阊阖门前御道东有左卫府⑤，府南有司徒府⑥。司徒府南有国子学⑦，堂内有孔丘像，颜渊问仁、子路问政⑧在侧。国子南有宗正寺⑨，寺南有太庙⑩，庙南有护军府⑪，府南有衣冠里。御道西有右卫府，府南有太尉府，府南有将作曹⑫，曹南有九级府，府南有太社⑬，社南有凌阴里，即四朝⑭时藏冰处也。

注释

① **灵太后胡氏**：北魏世宗（宣武帝元恪）妃，肃宗（孝明帝元诩）母。《魏书》卷十三有传。

② **太尉府**：武官的最高元帅的官署。太尉与司徒、司空古来并称为三公。（详《通典》）

③ **昭玄曹**：管辖僧尼的官署。（详《魏书·释老志》）

④ **御史台**：中央最高检察机构。

⑤ **左卫府**：左右卫为皇帝的亲兵。这是其中左卫将军的官署。

⑥ **司徒府**：司徒亦为三公之一，职责为统辖官吏。

⑦ **国子学**：国家的教育管理机构和最高学府。汉有太学，晋立国子学，北魏则沿用晋制。

⑧ **颜渊问仁、子路问政**：各见《论语·颜渊篇》及《子路篇》。范氏《校注》认为是与梁武祠堂相仿的室内壁画。入矢氏《译注》则倾向于认为是配置左右的塑像。

⑨ **宗正寺**：管理皇族系谱的官署。寺，指官舍。

⑩ **太庙**：当朝历代天子的祖庙。

⑪ **护军府**：《魏书·官氏志》中有中护军，为武官之职，属二品。

⑫ **将作曹**：《魏书·官氏志》所谓将作大匠的官

署，掌管修筑宫室、陵园等土木工程。

⑬ **太社**：天子祭土神之处。

⑭ **四朝**：指东汉、魏、西晋、北魏四个朝代。

译文

永宁寺，熙平元年（公元五一六年）由灵太后胡氏所建。位于宫城正南面的阊阖门南一里，御道的西侧。

此寺的东侧有太尉府，西与永康里相对，南与昭玄曹交界，北与御史台接邻。阊阖门前，御道东侧有左卫府，府南有司徒府。司徒府南有国子学，学堂内有孔子像，两侧是向孔子问仁的颜渊和问政的子路。国子学南有宗正寺，寺南有太庙，庙南有护军府，府南有衣冠里。御道西侧有右卫府，府南有太尉府，府南有将作曹，曹南有九级府，府南有太社，社南有凌阴里，也就是四朝时藏冰之处。

原典

中有九层浮图①一所，架木为之，举高九十丈②。上有金刹，复高十丈，合去地一千尺。去京师百里，已遥见之。初，掘基至黄泉下，得金像三十躯，太后以为信法之征，是以营建过度也。刹上有金宝瓶，容二十五斛。宝瓶下有承露金盘一十一重，周匝皆垂金铎。复有铁锁四道，引刹向浮图四角，锁上亦有金铎。铎大小如一石瓮子。浮图有九级，角角皆悬金铎，合上下有一百三十铎。浮图有四面，面有三户六窗，户皆朱漆。扉上各有五行金钉，合有五千四百枚。复有金环铺首③。殚土木之功，穷造形之巧，佛事精妙，不可思议。绣柱金铺，骇人心目。至于高风永夜，宝铎和鸣，铿锵之声，闻及十余里。

浮图北有佛殿一所，形如太极殿④。中有丈八金像一躯，中长金像十躯，绣珠像三躯，金织成像五躯，玉像二躯，作功奇巧，冠于当世。僧房楼观，一千余间，雕梁粉壁，青缫绮疏，难得而言。柽、柏、椿、松，扶疎檐溜；蘩竹、香草，布护阶墀。是以常景⑤碑云："须弥⑥宝殿，兜率⑦净宫，莫尚于斯也。"外国所献经像，皆在此寺。

寺院墙皆施短椽，以瓦覆之，若今宫墙也。四面各开一门，南门楼三重，通三道，去地二十丈，形制似今端门⑧。图以云气，画彩仙灵；列钱青锁，赫奕华丽。拱门有四力士、四狮子，饰以金银，加之珠玉，庄严焕炳，世所未闻。东西两门，亦皆如之，所可异者，唯楼二重。北门一道不施屋，似乌头门⑨。

其四门外，树以青槐，亘以绿水，京邑行人，多庇其下。路断飞尘，不由滓云之润；清风送凉，岂借合欢⑩之发？

诏中书舍人常景为寺碑文。

景字永昌，河内人也。敏学博通，知名海内。太和十九年，为高祖所器，拔为律博士，刑法疑狱，多访于景。正始初，诏刊律令，永作通式，敕景共治书侍御史高僧裕⑪、羽林监王元龟、尚书郎祖莹⑫、员外散骑侍郎李琰之⑬等，撰集其事。又诏太师彭城王勰⑭、青州刺史刘芳⑮入预其议。景讨正科条，商榷古今，甚有伦序，见行于世。今《律》二十篇⑯是也。又共芳造洛阳宫殿门阁之名，经途里邑之号。出除长安令，时人比之潘岳⑰。其后历位中书舍人、黄门侍郎、秘书监、幽州刺史、仪同三司⑱。学徒以为荣焉。景入参近侍，出为侯牧，居室贫俭，事等农家，唯有经史，盈车满架。所著文集，数百余篇，给事中封昕伯⑲作序行于世。

注释

① **浮图**：塔。《魏书·释老志》曰："自洛中构白马寺，盛饰佛图，画迹甚妙，为四方式。凡宫塔制度，犹依天竺旧状而重构之，从一级至三、五、七、九，世

人相承,谓之浮图,或云佛图。"

② 举高九十丈:《水经注》谷水条载:"自金露盘下,至地四十九丈。"《魏书·释老志》载:"高四十余丈。"均与本书所记不同。恐此处不无夸张。

③ 金环铺首:又简称为金铺。门上兽面形铜制底盘,用以衔环。有时饰以金银。

④ 太极殿:皇宫中的正殿。建成于宣武帝景明三年(公元五〇二年),见《魏书·世宗宣武帝纪》。

⑤ 常景:亦见本书卷二正始寺条。《魏书》卷八十二有传。

⑥ 须弥:梵语宝山名,义译为妙高。

⑦ 兜率:梵天之名,义译为知足。《普曜经》曰:"其兜术(即兜率)天有大天宫,名曰高幢,广长二千五百六十里,菩萨常坐为诸天人敷衍经典。"

⑧ 端门:洛阳宫城的南方正门。

⑨ 乌头门:又名乌头大门。门有双华表,两扉上半部安上榥子,故俗又称为榥星门。(详李诫《营造法式》)

⑩ 合欢:团扇。班倢伃《怨歌行》曰:"新裂齐纨素,皎洁如霜雪,裁为合欢扇,团团似秋月。"(《文选》卷二十七)

⑪ 高僧裕:名绰,《魏书》卷四十八有传。

⑫ 祖莹:《魏书》卷八十二有传。

⑬ **李琰之**：《魏书》卷八十二、《北史》卷四十七均有传。

⑭ **彭城王勰**：《魏书》卷二十一下有传。

⑮ **刘芳**：《魏书》卷五十五有传。

⑯ **《律》二十篇**：《隋书·经籍志》所著录《后魏律》二十卷。程树德《九朝律考·后魏律考》，考出其篇目十五篇。

⑰ **潘岳**：字安仁，西晋著名文学家。元康二年（公元二九二年）任长安令。《晋书》卷五十五有传。常景于延昌初年（公元五一二年左右）兼任长安令，"甚有惠政，民吏称之"（《魏书》本传）。

⑱ **仪同三司**：与三司（三公）享受同等待遇的一种荣誉职衔，授予有功勋的重臣、将军等。

⑲ **封昕伯**：据范氏《校注》所考，尽管《魏书》卷三十二有《封伟伯传》，但其人不可能为常景文集作序。与本书封昕伯非同一人。

译文

寺院内有一座九层佛塔，用木材构筑而成，高达九十丈。顶上还有十丈高的金色刹竿，合计离地一千尺。在距京城百里之外，已能遥遥望见。当初，地基挖掘到地下水时，获得三十尊金佛像，太后认为这是信仰佛法的先兆，所以建筑规模过分出格。刹竿上有金宝瓶，容量达二十五斛。宝瓶下有一个十一层的承露金盘，四周都垂着金铃。另外还有四根铁索，从刹竿伸向佛塔四角，铁索上也有金铃。金铃的大小就像一个小口大腹的陶瓮。佛塔有九层，每一转角都悬着金铃，上下合起来有一百三十个。佛塔有四面，每面有三扇门、六扇窗，门都涂了红漆。每扇门面上各有五行金钉，全部加起来有五千四百枚。另外还有金环铺首。竭尽了建筑的艰难和造形的精巧，这种佛教设施的精妙，令人感到不可思议。如锦似绣的柱子和金光灿灿的铺首，使人目眩心惊。每当秋夜深深、长风泠泠，金铃也应和鸣响，铿锵有力的声音，能传到十几里以外。

　　佛塔北面有一座佛殿，构架与太极殿相似。殿内有一丈八尺高的金佛像一尊，和真人的身材相同的金佛像十尊，用真珠镶嵌的佛像三尊，用金线编织的佛像五尊，玉佛像两尊，制作之精巧，达到当时的最高水平。僧房与楼阁，共有一千多间，雕梁白壁，彩门绮窗，难以用语言表述。栝、柏、椿、松，枝叶繁茂，遮蔽着屋檐；竹丛、香草，生意盎然，散布于台阶。所以常景的碑文中说："须弥山的宝殿，兜率天的神宫，也不能与此寺媲美。"外国进献的经卷和佛像，也都收藏于此寺。

佛寺的院墙都安上短椽子，再盖上瓦，如同现在的宫墙。四面各开一门。南面的门楼是三层，可通三条阁道，高达二十丈，它的构架就像现在的端门。门楼上绘有缭绕的云雾，画出仙人神灵的身姿；有图案的门板上，像排列钱币似的，连缀着金饰品，光彩而华丽。拱门下有四个大力士和四头狮子，以金银作装饰，再镶上珠玉，庄严而灿烂，是世人从未听说过的。东、西两门也都如此，所不同的，只是门楼为两层而已。唯独北面这一道门上没有设置楼阁，就像乌头门的样子。

这四道门之外，种上了绿荫浓重的槐树，环绕着清碧澄澈的流水，来往于京城的行人，大多在树荫下得到荫护。路上没有飞扬的尘埃，这不靠湿云润泽；清风送来凉爽，也无须手摇团扇。

中书舍人常景被皇帝指令撰写此寺的碑文。

常景字永昌，是河内人。博学敏悟，闻名于天下。太和十九年（公元四九五年），得到高祖的器重，提拔为律博士，刑法上的疑难案子，大多征求他的意见。正始初年，皇帝下令制定律令，以作魏朝永远的法典，指定常景与治书侍御史高僧裕、羽林监王元龟、尚书郎祖莹、员外散骑侍郎李琰之等人，共同从事编写。还指派太师彭城王元勰、青州刺史刘芳参预计议。常景审定核正条令，斟酌以往的旧律和当前的实情，组织起很有体系的律令，通行于世。这就是现在的律令二十篇。另外，还与刘芳一起制定洛阳宫殿、门楼的名称，以及道路、里巷的称号。出任长安令，当时人把他比作潘岳。此后历任中书舍人、黄门侍郎、秘书监、幽州刺史、仪同三司。向他问学的后辈以出于他的门下为荣。常景进入中央做了高层顾问，出任地方官总揽实权，可是个人的生活十分俭朴，与农家没有什么差别，只有经史书籍，装起来满车，摆出来满架。所著文集收文数百篇，由给事中封昕伯作序刊行于世。

原典

　　装饰毕功，明帝与太后共登之。视宫内如掌中，临京师若家庭。以其目见宫中，禁人不听升之。衒之尝与河南尹胡孝世共登之，下临云雨，信哉不虚！

　　时有西域沙门菩提达摩①者，波斯国胡人也。起自荒裔，来游中土。见金盘炫日，光照云表；宝铎含风，响出天外，歌咏赞叹，实是神功。自云：年一百五十岁，历涉诸国，靡不周遍，而此寺精丽，阎浮②所无也。极佛境界，亦未有此。口唱南无，合掌连日。

　　至孝昌二年中，大风发屋拔树，刹上宝瓶，随风而落，入地丈余。复命工匠，更铸新瓶。

建义元年，太原王尔朱荣③总士马于此寺。

荣字天宝，北地秀容④人也。世为第一领民酋长⑤，博陵郡公。部落八千余，家有马数万匹，富等天府。武泰元年二月中，帝崩，无子，立临洮王世子钊⑥以绍大业，年三岁，太后贪秉朝政，故以立之。荣谓并州刺史元天穆⑦曰："皇帝晏驾，春秋十九，海内士庶，犹曰幼君。况今奉未言之儿，以临天下，而望升平，其可得乎？吾世荷国恩，不能坐看成败，今欲以铁马五千，赴哀山陵，兼问侍臣帝崩之由，君竟谓如何？"穆曰："明公世跨并肆，雄才杰出，部落之民控弦一万。若能行废立之事，伊、霍⑧复见于今日。"

荣即共穆结异姓兄弟。穆年大，荣兄事之。荣为盟主，穆亦拜荣。于是密议长君诸王之中不知谁应当璧⑨。遂于晋阳，人各铸像⑩不成，唯长乐王子攸像光相具足，端严特妙。是以荣意在长乐。遣苍头⑪王丰入洛，约以为主。长乐即许之，共克期契。荣三军皓素扬旌南出。太后闻荣举兵，召王公议之。时胡氏专宠，皇宗怨望，入议者莫肯致言。唯黄门侍郎徐纥⑫曰："尔朱荣马邑⑬小胡，人才凡鄙，不度德量力，长戟指阙，所谓穷辙拒轮，积薪候燎！今宿卫文武足得一战，但守河桥⑭，观其意趣。荣悬军千里，兵老师弊，以逸待劳，破之必矣。"后然纥言。即遣都督李神轨⑮、郑季明⑯等，领众五千，镇河桥。

四月十一日，荣过河内，至高头驿。长乐王从雷陂北渡，赴荣军所。神轨、季明等见长乐王往，遂开门降。十二日，荣军于芒山㊄之北，河阴之野。十三日，召百官赴驾，至者尽诛之。王公、卿士及诸朝臣死者二千余人。十四日，车驾入城，大赦天下，改号为建义元年，是为庄帝。

于时新经大兵，人物歼尽，流迸之徒，惊骇未出。庄帝肇升太极，解网垂仁，唯散骑常侍山伟㊅一人拜恩南阙。加荣使持节中外诸军事大将军、开府北道大行台、都督十州诸军事大将军、领左右、太原王。其天穆为侍中、太尉公、世袭并州刺史、上党王。起家为公卿牧守者，不可胜数。

二十日，洛中草草，犹自不安，死生相怨，人怀异虑。贵室豪家，弃宅竞窜；贫夫贱士，襁负争逃。于是出诏，滥死者普加褒赠，三品以上赠三公，五品以上赠令仆，七品以上赠州牧，白民㊆赠郡镇，于是稍安。帝纳荣女为皇后。进荣为柱国大将军录尚书事，余官如故。进天穆为大将军，余官皆如故。

注释

① **菩提达摩**：为禅宗初祖。《续高僧传》谓其为南天竺人。中唐时期禅宗文献《宝林传》中，有杨衒之与达摩当面问答的记载，事出附会，不足取信。

② **阎浮**：又作剡浮，州名。释道宣《释迦氏谱》释为"须弥山南一域之都名也"。这里代指五天竺。

③ **尔朱荣**：《魏书》卷七十四有传。

④ **北地秀容**：秀容郡设置于太宗明元帝永兴二年（公元四一〇年），即今山西省朔县西北。秀容在洛阳正北方。

⑤ **第一领民酋长**：为北朝颁给最强大的部落统率者之称号。又据《魏书》本传，所封博陵郡公并非世袭，与此记载稍异。

⑥ **临洮王世子钊**：临洮王宝晖之子，高祖孝文帝曾孙。据《元天穆墓志》（《汉魏南北朝墓志汇编》）及《资治通鉴》卷一百五十二所述，孝明帝十九岁"暴殂"，乃是遭实权派胡太后之流所毒杀。其后钊即帝位，亦出于胡太后的策划。范氏《校注》认为："杨衒之是魏臣，故亦为魏讳，所记与魏收《书》相同，不如《通鉴》接近事实。"

⑦ **元天穆**：为高凉王孤六世孙。《魏书》卷十四、

《北史》卷十五有传。

⑧ 伊、霍：指殷朝贤相伊尹和汉昭帝时代的宰相霍光。据《尚书·太甲篇》，太甲在位行为失检，一度遭到伊尹的放逐。据《汉书·霍光传》，昌邑王即位失德，被霍光罢免，改立宣帝。

⑨ 当璧：为社稷之主。

⑩ 铸像：北魏用作确定人选的一种传统方法。如《北史·后妃传》记载，北魏立皇后时，皆铸像以卜之。

⑪ 苍头：奴仆。

⑫ 徐纥：《魏书》卷九十三《恩幸列传》有传。

⑬ 马邑：朔州的旧名，在今山西省朔县。

⑭ 河桥：在今河南省孟县南，为重要渡河地点。在西晋时河桥已造，历来为兵争之要地。

⑮ 李神轨：《魏书》卷六十六有传。

⑯ 郑季明：《魏书》卷五十六有传。

⑰ 芒山：或作邙山，又称北芒山。为洛阳城北山岭，绵亘四百余里，古来陵墓多在其中。

⑱ 山伟：《魏书》卷八十一、《北史》卷五十均有传。

⑲ 白民：没有任何官爵的人。

译文

营建装饰完成后，明帝与太后一起登上此塔。宫内看下去如同掌中之物，京城眺望起来就好像居民的庭园。因为可以清楚地看见宫内，所以禁止任何人登塔。我以前曾与河南尹胡孝世一起登上此塔，所谓俯视云雨，确实一点不假。

那时有一位西域沙门，出身于波斯（今伊朗），从边远之国，到中国来游历。见塔上的金盘与太阳争辉，光芒照射于云层；听金铃迎风和鸣，声音远传于天外，他歌咏梵呗，赞叹不已，认为一定是神功。自谓：活到一百五十岁，遍游各国，足迹所历，没有遗漏，可是此寺的精丽，在五天竺是看不到的，在佛国境界里，也没有比得上它的。口唱南无，连续数日合掌示敬。

到了孝昌二年（公元五二六年），有一场大风掀开屋顶，拔起树木，刹竿上的宝瓶被吹落，扎进地里一丈多深。遂再命令工匠铸造新瓶。

建义元年（公元五二八年），太原王尔朱荣在此寺结集军队。

尔朱荣，字天宝，是北方秀容郡人。世世代代做第一领民酋长，封博陵郡公。所统领的部落有八千多个，家中的马就有好几万匹，富裕得如同天府之国。武泰元年（公元五二八年）二月，孝明帝驾崩，没有儿子，就让临洮王的儿子钊继承帝位，其时年仅三岁，因太后贪图总揽朝政大权，才这样确定的。尔朱荣对并州刺史元天穆说："皇帝驾崩时，年龄十九，国内无论谁都说还是年幼的君主。何况现在把不能开口的孩子扶上帝位，要想天下昌盛太平，这怎么可能？我家世世代代领受魏国的国恩，不能坐看国家的败落，我现在准备率领铁骑五千，前往帝陵致哀，兼向侍臣追问皇帝驾崩的原因，你说到底怎样？"穆答道："足下世袭并州和肆州的长官，雄才杰出，加上部落的民众引弓习射的，有一万人。如果能支配天子废立的大事，那么就是伊尹、霍光转世再生于今天。"

尔朱荣随即与元天穆结为异姓兄弟。穆年长，荣以兄长之礼对待他。荣是盟主，穆也拜敬荣。于是密议，在成年的皇族子弟中，有谁可出任社稷之主。于是就在晋阳（太原），为皇族子弟各铸一像，结果都不成样子，只有长乐王子攸的像，神态圆满，非常端庄持重。因此尔朱荣的意向就放在长乐王身上。派奴仆王丰进入洛阳，约请长乐王做盟主。长乐王立即答应下来，互相明确了行动的时机。尔朱荣手下的三军都穿着白色的丧服，举旗南下。胡太后听说荣发动军事行动，召集王公商议对策。当时胡氏独占宠爱，皇族一系的人怨恨在心，召来商议的人都不肯贡献意见。只有黄门侍郎徐纥发言说："尔朱荣是个马邑小胡，平庸粗鄙，不度德量力，将长戟指向朝廷，这正是所谓螳臂挡车、引火烧身。现在守护宫中的文武官员人数，足够与他交战一回，只需守住河桥，观察对方的动向即可。荣调兵千里，兵士疲惫不堪，我们以逸待劳，必定能击败他。"太后认为徐纥的话有道理，立即派遣都督李神轨、郑季明等，率兵五千，驻守河桥。

四月十一日，尔朱荣通过河内，抵达高头驿。长乐王从雷陂北渡河，直奔荣的军营。神轨、季明等看出长乐王加入尔朱荣一边，就打开城门投降了。十二日，荣在芒山的北面、河阴的原野布下军阵。十三日，下令所有的官员拜谒新帝，前来的人都被杀害，死难的王公、卿士以及朝臣达两千多人。十四日，新帝进入洛阳城，赦免所有的罪犯，改年号为建义元年，这就是庄帝。

那时，刚刚经历大战乱，有才德名望的人几乎杀绝，流亡者仍惊恐不已，不出头露面。庄帝一登上帝位，虽做出宽大仁爱的样子，但只有散骑常侍山伟一人在朝廷领官谢恩。尔朱荣加封为使持节中外诸军事大将军、开府北道大行台、都督十州诸军事大将军、领左右、太原王。与他合谋的元天穆当上了侍中、太尉公，世袭并州刺史、上党王。另外，一跃而当上公卿或地方长官的人，不可胜数。

二十日，洛中的人们依然忧虑重重，心怀不安。怨死怨生，各自为谋。豪门贵族，弃家而出，争相逃窜；贫民百姓，扶老携幼，唯恐停留。于是颁发诏令，对无缘无故死去的人，普加官衔。对三品以上的死者，赠三公；对五品以上的死者，赠令仆；对七品以上的死者，赠州官；对身无官爵的死者，赠郡官。这样才稍微稳定了局面。庄帝把尔朱荣的女儿纳为皇后。提升尔朱荣任柱国大将军录尚书事，其余的官衔照旧。还提升天穆任大将军，其余的官衔不变。

原典

永安二年五月，北海王元颢①复入洛，在此寺聚兵。

颢，庄帝从兄也。孝昌末镇汲郡。闻尔朱荣入洛阳，遂南奔萧衍。是年入洛，庄帝北巡②。颢登皇帝位，改年曰建武元年。颢与庄帝书曰："大道既隐，天下匪公。③祸福不追，与能义绝。朕犹庶几五帝，无取六军。正以糠秕万乘，锱铢大宝，非贪皇帝之尊，岂图六合之富？直以尔朱荣往岁入洛，顺而勤王，终为魏贼。逆刃加于君亲④，锋镝肆于卿宰。元氏少长，殆欲无遗。已有陈恒盗齐⑤之心，非无六卿分晋⑥之计。但以四海横流、欲篡未可；暂树君臣，假相拜置。害卿兄弟，独夫介立。遵养待时，臣节讵久？朕睹此心寒，远投江表，泣请梁朝，誓在复耻。风行建业，电赴三川⑦，正欲问罪于尔朱，出卿于桎梏；恤深怨于骨肉，解苍生于倒悬。谓卿明眸击节，躬来见我，共叙哀辛，同讨凶羯。不意驾入成皋，便尔北渡。虽迫于凶手，势不自由，或贰生素怀，弃剑猜我⑧。闻之永叹，抚衿而失。何者？朕之于卿，兄弟非远⑨，连枝分叶，兴灭相依。假有内阋，外犹御侮。况我与卿，睦厚偏笃，其于急难，凡今莫如。弃亲即仇，义将焉据也？且尔朱荣不臣之迹，暴于旁午⑩，谋魏社稷，愚智同见。卿乃明白，疑于必然，托命豺狼，委身虎口，弃亲助贼，兄弟寻戈。假获民地，本是荣物；若克城邑，绝非卿有。徒危宗国，以广寇仇。快贼莽⑪之心，假卞庄⑫之利。有识之士，咸为惭之。今家国隆替，在卿与我。若天道助顺，誓兹义举，则皇魏宗社，与运无穷。傥天不厌乱，胡羯未殄，鸱鸣狼噬，荐食河北，在荣为福，于卿为祸。岂伊异人？尺书道意，卿宜三复，义利是图，富贵可保。徇人非虑。终不食言，自相鱼肉。善择元吉，勿贻后悔。"此黄门郎祖莹之词也。

时帝在长子城，太原王、上党王来赴急难。六月帝围河内，太守元桃汤⑬、车骑将军宗正珍孙⑭等为颢守，攻之弗克。时暑炎赫，将士疲劳，太原王欲使帝幸晋阳，至秋更举大义，未决，召刘助⑮筮之，助曰："必克。"于是至明尽力攻之，如其言，桃汤、珍孙并斩首，以殉三军。颢闻河内不守，亲率百僚出镇河桥，特迁侍中安丰王延明⑯往守硖石。

七月，帝至河阳，与颢隔河相望。太原王命车骑将军尔朱兆潜师渡河，破延明于硖石。颢闻延明败，亦散走。所将江淮子弟五千人，莫不解甲相泣，握手成别。颢与数十骑欲奔萧衍，至长社，为社民斩其首⑰，传送京师。二十日，帝还洛阳，进太原王天柱大将军，余官亦如故；进上党王太宰，余官亦如故。

注释

① **元颢**：《魏书》卷二十一下有传。

② **北巡**：巡指天子离开国都到各地巡视。这里指庄帝因元颢的迫近，离开洛阳向河内逃避。是一种避讳的表达法。

③ **大道既隐，天下匪公**：《礼记·礼运篇》所描述的太平之世为："大道之行也，天下为公。"这里的情形恰好相反，所形容的是乱世。

④ **逆刃加于君亲**：指将胡太后与幼帝钊沉河溺死。

⑤**陈恒盗齐**：陈恒（田常）相齐简公，竟杀害齐简公。后虽拥立简公弟为平公，却将政权夺归己有。（事见《左传·哀公十四年》）

⑥**六卿分晋**：六卿指在晋昭公之世势力强大的韩、赵、魏三卿及范氏、中行氏、智氏。此经历出公、哀公、静公三世的权力较量，韩、赵、魏于静公二年灭晋侯，遂三分其地。（事见《史记·晋世家》）

⑦**三川**：指黄河、洛水与伊水。

⑧**弃剑猜我**：据范氏《校注》，"弃"当为"索"字之误。按此与文"兄弟寻戈"亦意思呼应，可证"索"字为切当。

⑨**兄弟非远**：就血缘上看，两人同为献文帝之孙。

⑩**旁午**：一纵一横，这里指道路而言。

⑪**贼莽**：指王莽。西汉刘氏政权为其所篡夺，自为皇帝，改国号为新。（事见《汉书·王莽传》）

⑫**卞庄**：又称卞庄子。《战国策·秦策》陈轸所举"卞庄子刺虎"寓言中的人物，"卞庄子欲刺虎，管竖子止之曰：'两虎方且食午，食甘必争，争则必斗，斗则大者伤，小者死，从伤而刺之，一举必有两获'"。

⑬**元桃汤**：《汉书·庄帝纪》及《尔朱荣传》均作元袭。此处未知所据。

⑭**宗正珍孙**：事迹见《魏书》卷七十三《崔延伯传》。

⑮ **刘助**：《魏书》卷九十一有传，名灵助。然据入矢氏《译注》，《梁书·陈庆之传》中则作刘助，与本书一致。

⑯ **延明**：《魏书》卷二十有传。

⑰ **为社民斩其首**：据周氏《校释》所考，元颢死于临颍而非长社，此处记载有误。

译文

永安二年（公元五二九年）五月，北海王元颢再次进入洛阳，在此寺聚兵。

元颢是庄帝的从兄。孝昌末年任汲郡知事。听说尔朱荣进入洛阳，于是就往南方投奔萧衍（梁武帝）。他这一年入洛，于是庄帝北巡。元颢登上皇帝之位，改年号为建武元年。元颢给庄帝的信函写道："如今大道已经隐匿，天下失去公正。祸福颠倒，根本不讲选举贤能的道理。朕也还比得上五帝，不想动用六军。恰恰把天子的贵重地位，看得如同糠麸、秋毫般轻贱，不贪图皇帝的尊贵和天下的财富。只是尔朱荣去年进入洛阳，开始时还不失为救援王朝，最终却成为魏国的窃贼。尖刀对准皇亲，利箭射向大臣。皇家的老老少少，几乎死绝。他怀有像陈恒篡夺齐国那样的野心，并非没有六卿分割晋国之类的计谋。只因天下大乱，想篡夺而未能实现罢了；暂时确立君臣关系，权且居于宰相之位。害死你兄弟的，是傲慢的独裁者。窥视昏君下台的时机，所谓臣下的节操，怎能持久？朕看到这些感到心寒，于是远远地投奔江南，沉痛地求助于梁朝，发誓要雪耻。像风一般迅疾地来到梁都建业，又像闪电一般快速地奔赴三川流域洛阳。现在正要向尔朱荣问罪，把你从桎梏中解脱出来；抚慰怨天恨地的骨肉同胞，救助水深火热的黎民百姓。满心以为你会情投意合，亲自来相聚，共叙这一段艰辛，携手讨伐凶恶的胡人。不料朕的人马刚入成皋，你就渡河北去。虽然是迫于凶手，身不由己，也许还对朕有猜忌，不惜骨肉相残。总之朕知道后，长叹不已，若有所失。为何如此？朕与你是骨肉兄弟，如同连枝分叶，存亡相依。即使兄弟之间发生磨擦，还是一致对付外来的侵犯。何况我与你格外亲睦，一旦危难临头，眼下谁也比不上自己的兄弟。那么，抛弃亲人而靠拢仇敌，这成何道理？而且尔朱荣大逆不道的行径，暴露于光天化日之下，篡夺魏国政权的阴谋，无论愚者还是智者都很清楚。你也不是不明白，可是仍怀疑正必胜邪之理，把性命托付给豺狼，投身于虎口，弃亲助贼，兄弟之间互相残杀。假如获得些许属民和土地，那本应是一种俸禄，若是占领城邑，则绝对不是你的财产。白白地危害魏国，增大仇敌的势力。满足王莽的贪心，让卞庄乘机得利。有识之士，都为你感到羞愧。现在，魏国的兴亡就系在朕与你的身上。如果天道助善，立誓除恶，那么，伟大的魏国国运，将天长地久；如果天道不嫌世间的战乱，胡贼不绝，恶鸟鸣叫，恶狼当道，吞吃河北，这对于尔朱荣是福，可对于你则是灾祸。兄弟怎会是外人呢？信中表达朕的想法，你请三思为好，从道义和利益两方面考虑的话，才可保住富贵荣华。而听从那家伙的摆布，是不明智的。朕绝不食言，一定不自相残害。请好好选择大吉大利之路，不要给自己留下后悔。"这出自黄门侍郎祖莹的手笔。

那时，庄帝在长子城（今山西省长子县），太原王（尔朱荣）与上党王（元天穆）赶来解救危急。六月，庄帝包围河内，因太守元桃汤和车骑将军宗正珍孙等人为元颢而固守此城，未能攻克。当时正是烈日炎炎的酷暑，将士疲劳，太原王打算让庄帝移向晋阳，到秋天再来攻战，但没有决定下来，于是召刘助前来占卜，刘助说："必定攻克。"于是次日早晨，全力发起攻势，结果与所占卜的不差。桃汤与珍孙被斩首，作了三军的牺牲品。元颢听说河内失守，亲自率领百官出镇河桥，特迁侍中安丰王延明去守硖石。

七月，庄帝到达河阳（黄河北岸），与元颢隔河相望。太原王命令车骑将军尔朱兆带兵偷渡黄河，攻破守在硖石的延明。元颢听说延明败阵，也慌乱逃走。他所统率的江淮子弟五千人，无不挥泪脱下铠甲，握手而别。元颢与数十个骑手想投奔萧衍，来到长社时，被社民砍下头，送往京城。二十日，庄帝回到洛阳，晋升太原王为天柱大将军，其余的官职不变；晋升上党王为太宰，其余的官职也不变。

原典

永安三年，逆贼尔朱兆①囚庄帝于寺。

时太原王位极心骄，功高意侈，与夺任情，臧否肆意。帝怒谓左右曰："朕宁作高贵乡公②死，不作汉献帝③生！"九月二十五日，诈言产太子，荣、穆并入朝，庄帝手刃荣于明光殿，穆为伏兵鲁暹④所杀。荣世子部落大人⑤亦死焉。荣部下车骑将军尔朱阳都等二十人，随入东华门，亦为伏兵所杀。唯右仆射尔朱世隆⑥素在家，闻荣死，总荣部曲，烧西阳门，奔河桥。

至十月一日，隆与妻北乡郡长公主至芒山冯王寺⑦，为荣追福荐斋，即遣尔朱侯讨伐。尔朱那律归等领胡骑一千，皆白服，来至郭下，索太原王尸丧。帝升大夏门望之，遣主书牛法尚谓归等曰："太原王立功不终，阴图衅逆，王法无亲，已依正刑。罪止荣身，余皆不问。卿等何为不降？官爵如故。"归曰："臣从太原王来朝陛下，何忽今日枉致无理？臣欲还晋阳，不忍空去，愿得太原王尸丧，生死无恨。"发言雨泪，哀不自胜。群胡恸哭，声振京师。帝闻之，亦为伤怀。遣侍中朱元龙⑧赍铁券⑨与世隆，待之不死，官位如故。

世隆谓元龙曰："太原王功格天地，道济生民，赤心奉国，神明所知。长乐不顾信誓，枉害忠良，今日两行铁字，何足可信？吾为太原王报仇，终不归降！"元龙见世隆呼帝为长乐，知其不款，且以言帝。帝即出库物，置城西门外，募敢死之士，以讨世隆，一日即得万人。与归等战于郭外，凶势不摧。归等屡涉戎场，便利击刺；京师士众未习军旅，虽皆义勇，力不从心。三日频战，而游魂不息。帝更募人断河桥，有汉中人李苗⑩为水军，从上流放火烧桥，世隆见桥被焚，遂大剽生民，北上太行。帝遣侍中源子恭⑪、黄门郎杨宽⑫，领步骑三万，镇河内。

世隆至高都，立太原太守长广王晔⑬为主，改号曰建明元年。尔朱氏自封王者八人。长广王都晋阳，遣颍川王尔朱兆举兵向京师，子恭军失利，兆自雷陂涉渡，擒庄帝于式乾殿。帝初以黄河奔急，谓兆未得猝济，不意兆不由舟楫，凭流而渡。是日水浅，不没马腹，故及此难。书契所记，未之有也。

衒之曰：昔光武受命，冰桥凝于滹水[14]；昭烈中起，的卢踊于泥沟[15]。皆理合于天，神祇所福，故能功济宇宙，大庇生民。若兆者，蜂目豺声，行穷枭獍，阻兵安忍，贼害君亲，皇灵有知，鉴其凶德！反使孟津由膝，赞其逆心。《易》称："天道祸淫，鬼神福谦。"[16]以此验之，信为虚说。

时，兆营军尚书省，建天子金鼓，庭设漏刻[17]，嫔御妃主，皆拥之于幕。帝于寺门楼上，时十二月，帝患寒，随兆乞头巾，兆不与，遂囚帝送晋阳，缢于三级寺。帝临崩礼佛，愿不为国王。又作五言曰："权去生道促，忧来死路长。怀恨出国门，含悲入鬼乡。隧门一时闭，幽庭岂复光？思鸟吟青松，哀风吹白杨。昔来闻死苦，何言身自当。"至太昌元年冬，始迎梓宫赴京师，葬帝靖陵。所作五言诗即为挽歌词，朝野闻之，莫不悲恸，百姓观者，悉皆掩涕而已。

永熙三年二月，浮图为火所烧。帝登凌云台[18]望火，遣南阳王宝炬[19]、录尚书事长孙稚[20]将羽林一千救赴火所，莫不悲惜，垂泪而去。火初从第八级中平旦大发，当时雷雨晦冥，杂下霰雪，百姓道俗，咸来观火。悲哀之声，振动京邑。时有三比丘[21]，赴火而死。火经三月不灭。有火入地寻柱，周年犹有烟气。

其年五月中，有人从东莱郡来，云："见浮图于海中，光明照耀，俨然如新，海上之民，咸皆见之。俄然雾起，浮图遂隐。"㉒

至七月中，平阳王㉓为侍中斛斯椿㉔所挟，奔于长安。十月而京师迁邺。

注释

① **尔朱兆**：《魏书》卷七十五有传。

② **高贵乡公**：魏曹髦，正元元年（公元二五四年）即帝位，当时大将军司马昭专权，曹髦不甘于坐受废辱，亲自率僮仆数百人加以讨伐，结果反被杀害。

③ **汉献帝**：东汉末代帝刘协，公元二二〇年被迫逊位于曹丕，封山阳公而终。

④ **鲁暹**：《魏书·尔朱荣传》作鲁安。

⑤ **部落大人**：尔朱菩提。部落大人非正式官名，为尔朱氏直属各部落间的尊称。

⑥ **尔朱世隆**：尔朱荣从弟，《魏书》卷七十五有传。

⑦ **冯王寺**：本书末段亦谓："北邙山上有冯王寺。"此寺为冯熙所建，其人事迹见《北史·外戚传》。

⑧ **朱元龙**：《魏书》卷八十有传。

⑨ **铁券**：状如卷瓦的铁片，上面刻写官职爵位等，

用来赏赐功臣。

⑩ **李苗**：原文作"苟"，周氏《校释》据《魏书·李苗传》及《孝庄帝纪》改作"苗"。《魏书》本传载："世隆正欲大纵兵火焚烧都邑，赖苗京师获全。"可见其人神勇，功不可没。

⑪ **源子恭**：《魏书》卷四十一有传。

⑫ **黄门郎杨宽**：生平事迹见《魏书》卷五十八《杨播传》。出任给事黄门侍郎职，乃在出帝太昌初，与此作庄帝时有异。

⑬ **长广王晔**：生平事迹见《魏书》卷十九下《安南王桢传》。

⑭ **光武受命，冰桥凝于滹水**：汉更始二年（公元二四年）光武帝刘秀进军河北、山东途中，遭王郎追击，甚为危急。"至滹沱河，无船可渡，适遇冰合乃过。"从而得以到达信都，"其势始盛"。事见《后汉书·光武纪上》。

⑮ **昭烈中起，的卢踊于泥沟**：蜀先主刘备避地荆州依刘表，赴刘表宴请时，觉察其手下人蔡瑁欲加害于己，便借机骑马逃离。其马名叫的卢，堕入襄阳城西檀溪水中，却能一跃三丈，越过檀溪，使刘备得以脱离险境。事见《三国志·蜀志·蜀先主纪》裴松之注。

⑯ **《易》称……福谦**：《易·谦卦》象传曰"天道

亏盈而益谦","鬼神害盈而福谦"。"祸淫"一词乃源于《尚书·汤诰》，所谓"天道祸善祸淫"。

⑰ **金鼓、漏刻**：金鼓，指金属打击乐器与大鼓，其功用在于"以节声乐，以和军旅，以正田役"(《周礼·地官·鼓人》)。漏刻：古代计时的器具，用铜铸成壶，壶底穿孔，壶内竖一支有刻度的箭形浮标，随着壶中的水从孔中漏出，由箭上的刻度而计时。建金鼓与设刻漏均言尔朱兆为自己备天子之礼。

⑱ **凌云台**："凌"当作"陵"。本卷瑶光寺条谓："是魏文帝所筑者。"据《三国志·魏志·文帝纪》，此台筑于黄初二年（公元二二一年）。其高度，据《元河南志》卷二引杨龙骧《洛阳记》，为二十丈。《世说新语·巧艺篇》关于此台亦有描述。

⑲ **宝炬**：事迹见《魏书》卷十一《出帝纪》及卷二十二《京兆王愉传》。

⑳ **长孙稚**：《魏书》卷二十五有传。

㉑ **比丘**：译音字，乃行乞之义，指出家人或修道人。《释氏要览》卷上称谓门曰："比丘，秦言乞士。谓上于诸佛乞法，资益慧命；下于施主乞食，资益色身。"

㉒ **见浮图于海中……浮图遂隐**：《魏书·灵征志》亦记"有人见佛图飞入东海"，后《北齐书·神武纪》亦稍变构词句记之。

㉓ **平阳王**：出帝（孝武帝元修）。孝庄帝永安三年（公元五三〇年）封为平阳王。因与高欢不谐，往长安依宇文泰，魏遂分成东、西两国。"孝武"为西魏尊元修之谥号，"出帝"或"平阳王"则为东魏人的习称。本书作者是东魏之臣，因作此称谓。

㉔ **斛斯椿**：《魏书》卷八十有传。

译文

永安三年，叛贼尔朱兆把庄帝囚禁在寺内。

那时太原王位极人臣，心骄气傲，自恃功高，野心膨胀，任意行赏论罚，随心表扬贬抑。庄帝气愤地对侍臣说："朕宁愿做高贵乡公而死，不做汉献帝苟活！"九月二十五日，假说生下太子，荣与穆一起入朝，庄帝在明光殿亲手刺杀荣，穆被伏兵鲁暹杀死。荣的长子部落大人也死在这里。荣的部下车骑将军尔朱阳都等二十人，跟随荣进入东华门时，也被伏兵所杀。只有右仆射尔朱世隆往常在家，听说荣死，召集荣的私兵，火烧西阳门后，直奔河桥而去。

到了十月一日，世隆与尔朱荣的妻子北乡郡长公主前往芒山冯王寺，为荣祈求冥福，随即派尔朱侯去讨伐。尔朱那律归等率胡人骑兵一千人，全都身穿白色丧服，来到城外，索取太原王的尸体。庄帝登上大夏门观望，派主书牛法尚传话给归等说："太原王立功不能善终，阴谋犯上作乱，王法无情，已依法处决。惩罚只限于荣一人，其他人概不追究。你们为什么还不投诚？各位的官职都照旧。"归说："臣下跟随太原王来朝见陛下，为什么忽然今天妄加伤害？臣下要回晋阳，不忍空手而去，请求得到太原王的尸体，那么生死无恨。"边说边泪如雨下，悲痛欲绝。众胡人痛哭，哭声惊动了京城。庄帝听到后，也为之感伤，派侍中朱元龙将铁券授予世隆，并免其死罪，官位照旧。

世隆却对元龙说："太原王的功勋顶天盖地，以救济国民为使命，忠心报效国家，神明也可作见证。长乐不顾信义，坑害忠良之人，今天的两行铁字，又何足以令人相信？我要为太原王报仇，死也不归顺！"元龙见世隆直呼庄帝为长乐，明白他没有归顺之心，于是先且告知庄帝。庄帝立即拿出内库宝藏，放在城西门外，用来招募敢死队，讨伐世隆，一天就募得万人。与归等人在城外交战，但不能打掉叛军的气焰。归等人多次出入沙场，拼杀起来很灵巧，而众多的京城士兵则没有交战的经验，尽管都大义勇为，可是力不从心。三天之内频频交战，但胡兵的勇气不受挫折。庄帝又招募志愿者搞断河桥，有一位汉中人李苗，采用水上作战法，从上游放火烧桥。世隆见桥被焚烧，于是就狠狠地掠夺驻地居民的财富，北上太行山。庄帝派侍中源子恭、黄门郎杨宽，率领步兵和骑兵三万人，镇守河内。

世隆到达高都后，拥立太原太守长广王晔为君主，改年号为建明元年。尔朱氏一族中自封为王的有八人。长广王以晋阳为都城，派颖川王尔朱兆带兵进攻洛阳，迎战的源子恭部队失守，尔朱兆从雷陂渡过河来，在式乾殿捉住庄帝。庄帝原以为黄河流急，尔朱兆不能一下子渡过，没想到他不用船就过了河。那天河水浅，水位还不到马腹，所以才遇此灾难。书籍中还从未有这样的记录。

衔之曰：过去汉光武帝受命于天之时，滹沱河为之凝结冰桥；蜀刘备脱离险境之际，所乘的卢马从泥沟中一跃而起。都因合乎天理，有神灵庇护，所以他们才能够造福天下，保护国民。而像尔朱兆这个人，眼如蜂，声如豺，所作所为如吃母的枭，如吃父的獍，仗着有军队，以残忍为家常便饭，暗害皇亲，天神若有知觉，应该明察其凶恶本性！反而使孟津之流浅得可以涉水而渡，助成其叛逆之心。《易》中说："天道降祸给淫逸的人，鬼神降福给谦虚的人。"以这个实例来检验，真是一句空话。

那时，兆在尚书省经营军事，建起天子的金鼓，庭中设立计时的漏刻，帝妃皇后都被拉入他的幕中。庄帝被关在寺的门楼内。当时正是十二月，庄帝苦于天气寒冷，向尔朱兆乞求头巾，他却不给，就押送往晋阳，勒死在三级寺。庄帝临终拜佛，祈求转世不当国王。又作五言体的诗如下："权威失去后，活路多么短；忧愁来临时，死路漫漫长。怀恨出国门，含悲进鬼乡。地道门一闭，暗室哪能亮？鸟亦似有感，青松枝头鸣，风声如哀乐，吹乱白杨树。往昔听说死，谁料落此苦。"直至太昌元年（公元五三二年）冬，才将庄帝尸棺接往京城，葬在靖陵。他所作的那首五言诗，就成为葬礼上的挽歌，国中人听着，无不悲痛，观看的百姓，个个掩面而哭。

永熙三年（公元五三四年）二月，此塔遭受火灾。孝武帝登上凌云台，察看火势，派南阳王宝炬和录尚书事长孙稚率领一千人奔赴火灾现场，他们无不感到痛惜，流泪前往。火最初是黎明时从第八层暴发，当时有雷雨，天色昏暗，还夹杂着落下雪珠，市民无论信教与否，都来观火。悲叹哀哭的声音，震动京城。那时有三位比丘，投身火中自尽。火经过三个月也不熄灭。甚至有余火进入地下基柱，整整一年以后还有烧灼的烟气。

在那年五月里，有人从东莱郡来，说："看见了海上的佛塔，光辉四射，简直就像新建的，海边的人都亲眼看见了。一会儿起了雾，佛塔就隐没不见了。"

到了七月，平阳王为侍中斛斯椿所胁迫，逃往长安。十月就发生了首都迁往邺城之事。

建中寺

原典

建中寺，普泰元年尚书令乐平王尔朱世隆所立也。本是阉官司空刘腾①宅。

屋宇奢侈，梁栋逾制。一里之间，廊庑充溢。堂比宣光殿，门匹乾明门，博敞弘丽，诸王莫及也。

在西阳门内御道北所谓延年里。

刘腾宅东有太仆寺②，寺东有乘黄署③，署东有武库署④，即魏相国司马文王府，库东至阊阖宫门是也。

西阳门内御道南，有永康里。里内复有领军将军元乂⑤宅。

掘故井得石铭，云是汉太尉荀彧⑥宅。正光年中，元乂专权，太后幽隔永巷⑦，腾为谋主。

乂是江阳王继之子，太后妹婿。熙平初，明帝幼冲，诸王⑧权上。太后拜乂为侍中、领军左右，令总禁兵，委以腹心，反得幽隔永巷六年。太后哭曰："养虎自啮，长虺成蛇！"

至孝昌二年，太后反政，遂诛乂等，没腾田宅。元乂诛日，腾已物故，太后追思腾罪，发墓残尸，使其神灵无所归趣；以宅赐高阳王雍⑨。

建明⑩元年，尚书令、乐平王尔朱世隆为荣追福，题以为寺。朱门黄阁，所谓仙居也。以前厅为佛殿，后堂为讲室。金花宝盖，遍满其中。有一凉风堂，本腾避暑之处，凄凉常冷，经夏无蝇，有万年千岁之树⑪也。

注释

① **刘腾**：《魏书》卷九十四有传。

② **太仆寺**：掌管皇帝乘舆的官署。

③ **乘黄署**：乘黄即飞黄，马名。《通典》二十五："乘黄署，后汉太仆有未央厩令，魏改为乘黄厩。乘黄，古之神马，因以为名。晋以下因之。"

④ **武库署**：管藏兵器的官署。

⑤ **元乂**：《魏书》卷十六有传，其名作"乂"。《元乂墓志铭》则作"乂"(《汉魏南北朝墓志汇编》)。

⑥ **荀彧**：《三国志·魏志》有传。裴注引《魏氏春秋》曰："魏元帝咸熙二年（公元二六五年）赠彧太尉。"

⑦ **永巷**：据《魏书》所载，太后被幽禁于宫中宣光

殿。自汉代以来，失宠或获罪的宫女遭隔离之处称"永巷"。

⑧ **诸王**：指高阳王雍、任城王澄、广平王怀、清河王怿诸人。

⑨ **高阳王雍**：《魏书》卷二十一上有传。

⑩ **建明**：原文误作"建义"，据吴若准《集证》改。

⑪ **万年千岁之树**：如范氏《校注》所言，意为年久老树，夸称万年千岁，以与上文"仙居"形成呼应。

译文

建中寺，普泰元年（公元五三一年）由尚书令、乐平王尔朱世隆所建。这里原来是宦官刘腾的住宅。

这所建筑过分气派，规模超过应有规格。一里方圆之内，廊屋一间接着一间。正堂比得上宣光殿，大门敌得过乾明门，宽敞富丽的程度，皇族中也没人能赶得上。

位于西阳门内御道之北叫作延年里的地段。

刘腾住宅的东侧有太仆寺，寺东有乘黄署，署东有武库署，这也就是从前魏相国司马文王（司马昭）的官邸，向东直至阊阖宫门之间都是。

在西阳门内御道之南，有永康里。里内还有领军将军元乂的宅邸。

在这里挖掘古井时，发现石头上刻有铭文，说是汉太尉荀彧之宅。正光年间（公元五二〇—五二五年）元义专权独裁，皇太后被禁闭于永巷，刘腾是这起事件的主谋者。

元义是江阳王继的儿子，又是太后的妹婿。熙平初年，明帝年幼，诸王权力提升。太后以元义为侍中、领军左右，让他统率近卫军，当作心腹之臣来信任，结果得到的反而是禁闭永巷达六年。太后痛心地说："真正养虎咬自己，把小蛇育成大蛇！"

到了孝昌二年（公元五二六年），太后返归政位，于是诛杀元义等人，没收刘腾的田宅。诛杀元义之时，刘腾已去世，而太后追究刘腾生前罪过，打开墓穴毁坏尸体，使他的灵魂失去归宿安息的所在；把他的宅邸赏赐给高阳王雍。

建明元年（公元五三〇年），尚书令、乐平王尔朱世隆为了替尔朱荣积善求福，以这所宅邸为寺院。朱漆的楼门与黄色的阁楼，称得上是仙宫。前厅做了佛殿，后堂做了讲堂。厅堂内到处装饰着金色的莲花宝盖。另有一座凉风堂，原先是刘腾避暑之处，常年清凉无比，夏天也没有苍蝇，还有已生长了千年万年的树木。

长秋寺

原典

长秋寺,刘腾所立也。

腾初为长秋卿①因以为名。

在西阳门内御道北一里。

亦在延年里,即是晋中朝时金市②处。寺北有蒙汜池③,夏则有水,冬则竭矣。

中有三层浮图一所,金盘灵刹,曜诸城内。作六牙白象负释迦在虚空中。庄严佛事,悉用金玉,作工之异,难可具陈。四月四日,此像常出④,辟邪师子,导引其前。吞刀吐火,腾骧一面;彩幢上索,诡谲不常。奇伎异服,冠于都市。像停之处,观者如堵,迭相践跃,常有死人。

注释

① **长秋卿**:诸本多作"长秋令卿",据范氏《校注》所考,《魏书·刘腾传》记其为"大长秋卿",且《官氏志》第三品有此官,故删去"令"字。

② **金市**:《水经注》谷水条引《洛阳记》曰:"陵

云台西有金市。"《文选》卷十六潘岳《闲居赋》"面郊后市"句，李善注引陆机《洛阳记》曰："洛阳凡三市，大市名曰金市。"

③ **蒙汜池**：《元河南志》卷二曰："魏明帝于宫西营池，以通御沟，义取日入蒙汜为名。"

④ **此像常出**：由西域传来的佛教活动，即所谓"行像"。以车辇载佛降诞之像，周行城内外，受众人瞻仰礼拜。《法显传》《南海寄归内法传》等书对西域行像有所描述。据入矢氏《译注》，"行像"并不限于四月八日（佛生日）这一天，也有从四月一日开始，持续十四天的。

译文

长秋寺，由刘腾所建。

刘腾那时当上了长秋卿，所以用它做了寺名。

位于西阳门内御道之北一里。

也在延年里，就是晋中朝时期的金市旧址。寺的北侧有蒙汜池，夏季有水，冬季则干涸见底。

寺院内有一座三层佛塔，金盘与闪光的刹竿，辉耀于城内。造有长着六只牙的白象驮释迦飞行于空中的雕像。凡用于庄严的佛事的，都以金玉制成，做工的奇妙,难以用言语一一描述。四月四日,按惯例这尊雕像要搬出来游行,它的前面由除邪狮子开路导引。有表演吞刀吐火的,热闹之至;有表演爬竿走绳的,怪巧之极。种种奇特的杂技和怪异的服饰,在都市里压过其他任何集会。佛像游行途中所停之处,围观的人群密集如山,人与人相互踩踏跨越,以至常常死人。

瑶光寺

原典

瑶光寺,世宗宣武皇帝[①]所立。在阊阖城门御道北,东去千秋门二里。

千秋门内道北有西游园,园中有陵云台,即是魏文帝所筑者。台上有八角井,高祖于井北造凉风观,登之远望,目极洛川。台下有碧海曲池。台东有宣慈观,去地十丈。观东有灵芝钓台,累木为之,出于海中,去地二十丈。风生户牖,云起梁栋;丹楹刻桷,图写列仙。刻石为鲸鱼,背负钓台,既如从地踊出,又似空中飞下。钓台南有宣光殿,北有嘉福殿[②],西有九龙殿[③]。殿前九龙吐水成一海。凡四殿皆有飞阁向灵芝往来,三伏之月,皇帝在灵芝台以避暑。

有五层浮图一所，去地五十丈。仙掌凌虚，铎垂云表，作工之妙，埒美永宁。讲殿尼房，五百余间。绮连亘，户牖相通。珍木香草，不可胜言。牛筋狗骨④之木，鸡头⑤鸭脚⑥之草，亦悉备焉。椒房嫔御，学道之所；掖庭美人，并在其中。⑦亦有名族处女，性爱道场，落发辞亲，来仪此寺。屏珍丽之饰，服修道之衣；投心八正⑧，归诚一乘。永安三年中，尔朱兆入洛阳，纵兵大掠，时有秀容胡骑数十人，入寺淫秽，自此后颇获讥讪。京师语曰："洛阳男儿急作髻，瑶光寺尼夺作婿。"

　　瑶光寺北有承明门；有金墉城⑨，即魏氏所筑。晋永康中，惠帝幽于金墉城。东有洛阳小城⑩，永嘉中所筑。

　　城东北角有魏文帝百尺楼，年虽久远，形制如初。高祖在城内作光极殿，因名金墉城门为光极门。又作重楼飞阁，遍城上下，从地望之，有如云也。

注释

　　① **世宗宣武皇帝**：《魏书》卷八有纪。

　　② **嘉福殿**：三国魏以来的殿名，魏文帝、明帝皆死于此殿。

　　③ **九龙殿**：承袭魏朝旧基而增饰的建筑。《三国

志・魏志・高堂隆传》曰:"青龙中(公元二三三—二三七年)大治殿舍。……帝遂复崇华殿,时郡国有九龙见,故改曰九龙殿。"

④ **牛筋狗骨**:牛筋,杻的别称,又称檍。陆玑《毛诗草木鸟兽虫鱼疏》上曰"叶似杏而尖,白色;皮正赤。为木多曲少直","材可为弓弩干也"。狗骨,即枸树。

⑤ **鸡头**:芡的俗称。贾思勰《齐民要术》卷六曰:"由子形上花似鸡冠,故名曰鸡头。"

⑥ **鸭脚**:据入矢《译注》,当为《嘉祐新修本草》中所谓鸭跖草(叶似竹,高一二尺,开花),是观赏植物。

⑦ **椒房嫔御……并在其中**:椒房、掖庭,都是后妃所居之室。据范氏《校注》统计,北魏仅皇后出家为尼居瑶光寺者,就有孝文废皇后冯氏、宣武皇后高氏、孝明皇后胡氏。

⑧ **八正**:八正道,指正见、正思唯、正语、正业、正命、正精进、正念、正定。

⑨ **金墉城**:《水经注》谷水条曰:"魏明帝于洛阳城西北角筑之,谓之金墉城。"

⑩ **洛阳小城**:又称洛阳垒。《水经注》谷水条曰:"永嘉之乱,结以为垒,号洛阳垒。"

译文

瑶光寺，由世宗宣武皇帝所建。位于阊阖城门御道之北，东距千秋门二里。

千秋门内道北有西游园，园中有陵云台，这就是魏文帝所筑的。台上有八角井，高祖于井北建造了凉风观，登观远望，洛水恰在视线的边缘。台下有碧海曲池。台东有宣慈观，离地十丈高。观东有灵芝钓台，用木材搭成，伸出水面，离地二十丈高。风流动于门窗内外，云缭绕于栋梁之间；朱漆的楹柱和雕饰的屋椽上，画着形形色色的仙人。用石头刻凿成鲸鱼，作背负钓台的姿势，既好像是从地下跃起，又恰似从空中飞来。钓台的南侧有宣光殿，北侧有嘉福殿，西侧有九龙殿。九龙殿前有九龙吐水而汇成大池。这四座殿都有飞阁，翩翩然照临于灵芝池上。三伏盛夏，灵芝台则成了皇帝避暑的场所。

寺院内有一座五层佛塔，离地五十丈。塔上的金盘像仙人的手掌一般凌空托起，四周的铃铎垂吊在云层之上，其做工的精妙，可与永宁寺媲美。讲堂和尼房，就有五百多间。雕饰的窗棂连成一片，门户之间彼此勾通。珍奇的树木和芳香的花草，难以用语言来形容。就连叫牛筋、狗骨的树以及鸡头、鸭脚的草，也都不缺。

椒房里的帝妃们把这里当作修行佛道的场所,后宫里的女官们也参加于其中。另外还有出身名门望族的姑娘们,因诚心诚意地向往佛门,便削落秀发、辞别亲人,前来寄身于此寺。舍弃了珠玉和红装,穿上了修道的衣服;归心于八正道,忠诚于一乘教。永安三年,尔朱兆进入洛阳,放任其士兵大肆掠夺,当时有数十个北方秀容的胡人骑兵,进入此寺奸淫,自此以后,此寺颇受到世人的嘲讽,以至京城有顺口溜说:"洛阳的男儿急急地束起头发,瑶光寺的尼姑忙忙地抢作夫婿。"

瑶光寺的北侧有承明门;更北有金墉城,是魏氏所筑。晋永康年间,惠帝被幽禁于金墉城。东侧有洛阳小城,是永嘉年间所筑。

城的东北角有魏文帝的百尺楼,年代虽久远,却完好地保存了当初的样子。高祖在金墉城内建光极殿,因而将金墉城门取名为光极门。又造层楼与飞阁,高低错落地遍布于城中,从地面仰望,就像浮云一样。

景乐寺

原典

景乐寺,太傅清河文献王怿[①]所立也。

怿是孝文皇帝之子、宣武皇帝之弟。

在阊阖南御道东，西望永宁寺正相当。

寺西有司徒府，东有大将军高肇②宅，北连义井里。义井里北门外有桑树数株，枝条繁茂，下有甘井一所，石槽铁罐，供给行人，饮水庇阴，多有憩者。

有佛殿一所，像辇③在焉。雕刻巧妙，冠绝一时。堂庑周环，曲房连接；轻条拂户，花蕊被庭。至于六斋，常设女乐，歌声绕梁，舞袖徐转，丝管寥亮，谐妙入神。以是尼寺，丈夫不得入。得往观者，以为至天堂。及文献王薨，寺禁稍宽，百姓出入，无复限碍。后汝南王悦④复修之。

悦是文献之弟。

召诸音乐，逞伎寺内；奇禽怪兽，舞抃殿庭。飞空幻惑，世所未睹；异端奇术，总萃其中：剥驴、拔井⑤，植枣种瓜，须臾之间，皆得食之⑥。士女观者，目乱睛迷。自建义已后，京师频有大兵，此戏遂隐也。

注释

① **文献王怿**：除此寺以外，冲觉寺、融觉寺亦由他所立（本书卷四）。《魏书》卷二十二有传。

② **高肇**：事迹见《魏书》卷八十三《外戚列传》。

③ **像辇**：又称像车，供行像所用的车辇，参本卷长秋寺条注。

④ **汝南王悦**：《魏书》卷二十三、《北史》卷十九有传。

⑤ **剥驴、拔井**：均为西域传来的魔幻之术。剥驴，即如《后汉书·西南夷传》所言"能变化吐火，自支解易牛马头"那样，将驴头、足先断后接的魔术。据入矢氏《译注》，拔井为另一魔术，即以杖指地，口诵咒文，地面便有水涌出，这类神异之事，多见于六朝及唐代高僧的逸闻记载中。

⑥ **植枣种瓜……皆得食之**：至今仍见于印度的一种奇术。《法苑珠林》卷七十六曰："三国时吴有徐光者，于市鄽内从人乞瓜，其主弗与。便从索子，掘地而种。顾眄之间茈生，俄而蔓延生华，俄而成实，百姓咸瞩目焉。"即为古时一例。

译文

景乐寺，由太傅清河文献王怿所建。

怿是孝文帝之子、宣武帝之弟。

位于阊阖门之南、御道之东，向西望去与永宁寺正相对。

寺的西侧有司徒府，东侧有大将军高肇的宅邸，北侧则连接义井里。义井里的北门外有好几棵桑树，枝条繁茂，树下有一口清甜的水井，备有石槽和铁罐，方便往来行人，在这里饮水歇脚的人还真不少。

有一座佛殿，像车就收存于此。其雕刻的巧妙，是当时第一流水准。宽敞的堂屋四处环绕，幽深的内室相互倚连；摇曳的枝条轻拂门户，含苞的花朵遍布庭院。到了六斋的日子，经常安排女伶人音乐表演，歌声回荡，余音绕梁；舞袖翩翩，翻转有情；管弦清亮，美妙入神。因为这是尼寺，男子不得入内。准许进来参观的人，都以为是到了天堂。一直到文献王死了以后，寺规稍放宽，不再限制庶民百姓的出入。后来，汝南王悦对此寺重加修筑。

悦是文献王之弟。

伶人召来寺中，发挥音乐技能；珍奇的飞禽走兽，跳舞于佛殿前。腾空变幻之事，为世人所未见；离奇怪异之术，都荟萃于此：如肢解驴马、指地为井，又如种枣种瓜，顷刻之间，能结出果实食用。男女观众，都看得眼花缭乱。自建义之年（公元五二八年）以后，京城频频有战乱，因而这类娱乐也就销声匿迹了。

昭仪尼寺

原典

　　昭仪尼寺，阉官等所立也。在东阳门内一里，御道南。

　　东阳门内道北，有太仓、导官二署①。东南治粟里，仓司官属住其内。

　　太后临朝，阉寺专宠，宦者之家，积金满堂。是以萧忻云："高轩斗升者，尽是阉官之厘妇②；胡马鸣珂③者，莫不黄门之养息也。"

　　忻，阳平人也。爱尚文籍，少有名誉。见阉寺宠盛，遂发此言。因即知名，为治书侍御史。

　　寺有一佛、二菩萨，塑工精绝，京师所无也。四月七日常出诣景明，景明三像恒出迎之。伎乐之盛，与刘腾相比。堂前有酒树、面木④。

　　昭仪寺有池，京师学徒谓之翟泉也。

　　衒之按：杜预注《春秋》云："翟泉在晋太仓西南。"⑤按晋太仓在建春门内，今太仓在东阳门内，此地今在太仓西南，明非翟泉也。后隐士赵逸⑥云："此地是晋侍中石崇⑦家池，池南有绿珠楼⑧。"于是学徒始寤，经过者，想见绿珠之容也。

池西南有愿会寺，中书侍郎王翊⑨舍宅所立也。佛堂前生桑树一株，直上五尺，枝条横绕，柯叶傍布，形如羽盖；复高五尺，又然。凡为五重，每重叶楒各异。京师道俗谓之神桑，观者成市，布施者甚众。帝闻而恶之，以为惑众，命给事黄门侍郎元纪⑩伐杀之。其日云雾晦冥，下斧之处，血流至地，见者莫不悲泣。

寺南有宜寿里，内有苞信县令段晖⑪宅。

地下常闻钟声，时见五色光明照于堂宇。晖甚异之，遂掘光所，得金像一躯，可高三尺，并有二菩萨。跌坐⑫上铭云："晋泰始二年五月十五日侍中、中书监荀勖⑬造。"晖遂舍宅为光明寺。时人咸云此荀勖旧宅。其后盗者欲窃此像，像与菩萨合声喝贼，盗者惊怖，应即殒倒。众僧闻像叫声，遂来捉得贼。

注释

① **太仓、导官二署**：均为掌管粮食及其贮藏的官署。"导"字当作"䆃"，《说文》禾部有其字。

② **釐妇**：寡妇。宦官蓄妻妾，以"嫠妇"称之，语含讥诮。

③ **珂**：马上的玉饰，贵族所用。

④ **酒树、面木**：《梁书》卷五十四载："顿逊国有

酒树，如安石榴，取花汁贮杯中，数日成酒。"《南方草木状》："桄榔树似栟榈宝……皮中有屑如面，多者至数斛，食之与常面无异……出交真、交趾。"

⑤ 杜预语，见《春秋左传·僖公二十九年》杜注。《水经注》谷水条亦考证昭仪尼寺内之池非翟泉，可互参。

⑥ 隐士赵逸：并见卷二建阳里条、卷四宝光寺条。作者甚为倚重其言论，书中再三引用。

⑦ 石崇：（公元二四九—三〇〇年）《晋书》卷三十三有传。

⑧ 绿珠楼：石崇美姬绿珠坠楼自殉处。《晋书·石崇传》曰："崇有伎曰绿珠，美而艳，善吹笛。"并记其"自投于楼下而死"事。

⑨ 中书侍郎王翊：《魏书》卷六十三有传。

⑩ 元纪：事迹见《魏书》卷十九中《任城王澄传》。

⑪ 段晖：传不详。范氏《校注》认为非《魏书》卷五十二中的段晖。

⑫ 趺坐：结跏趺坐，即双足交叠而坐。

⑬ 荀勖：（公元？—二八九年）《晋书》卷三十九有传。

译文

昭仪尼寺，由一些宦官所建。位于东阳门之内一里，御道之南。

东阳门之内的道路北边，有太仓署与导官署。东南方位的治粟里内，是那些粮仓管理官员的住处。

灵太后亲临朝政期间，宦官受宠放任，宦官之家，都是金银财宝聚积如山。难怪萧忻说："帐篷高悬的大车内，尽是宦官的妻妾；玉珂鸣响的胡马上，全是宦官的养子！"

忻是阳平（山东馆陶县）人，爱好学问，年少时就有好名声。看到宦官骄纵之极，就发出了以上的声讨。并因此事而闻名，当了治书侍御史。

寺内有一尊佛像、两尊菩萨像，雕塑之精妙，京城里独一无二。每年四月七日这一天，按惯例三尊像要出行至景明寺，而景明寺的三尊像一定出来相迎。其杂技音乐表演的盛况，与刘腾的长秋寺不相上下。佛堂前有酒树和面树。

昭仪寺有池，京城的学徒们称之为翟泉。

衒之曰：杜预注《春秋左传》（僖公二十九年）说："翟泉在晋时太仓的西南。"然而晋时的太仓位于建春门内，现在的太仓在东阳门内，翟泉应当位于现在的太仓的西南，因而可以明确翟泉不在这里。后来隐士赵逸说："这地方是晋侍中石崇家的水池，池南有绿珠楼。"于是学徒们才开始恍然明白，路过这里的人，都不由得想象绿珠的容颜。

池的西南有愿会寺，为中书侍郎王翊献出自己的住宅所建成。佛堂前长着一棵桑树，从地面向上五尺高处，枝条横伸曲绕，树叶左铺右覆，形状像宝盖一样；再向上五尺高处，又是同样的形状；如此这般共有五重，每一重的桑叶和桑果长得都不同。京城的僧俗都说这是神桑，前来观看的人如同集市，施钱供物的人特别多。皇帝听说后很不快，认为这是惑众之物，下令给事黄门侍郎元纪去砍伐。这一天，大起云雾，天色晦暗，刀斧砍下之处，血流至地，看到的人无不悲痛哭泣。

寺南有宜寿里，苞信县令段晖的宅邸在其内。

此宅的地下常常听得出有钟声，有时能看见五色光芒照耀堂屋。段晖很是奇怪，于是从发出光芒的地方挖掘下去，挖得一尊金佛像，高三尺，并有两尊菩萨侍其左右。佛结跏趺坐之处有铭文写道："晋泰始二年（公元二六六年）五月十五日侍中、中书监荀勖造。"于是段晖就贡献出此宅做了光明寺。当时人都说此宅原先是荀勖的。后来，盗贼要偷走此像时，佛像与菩萨对贼齐声大喝，盗贼惊恐，应声瘫倒在地。众僧听到佛像的叫声，就赶来捉住了盗贼。

胡统寺

原典

胡统寺,太后从姑①所立也。

入道为尼,遂居此寺。

在永宁南一里许。宝塔五重,金刹高耸。洞房周匝,对户交疎。朱柱素壁,甚为佳丽。其寺诸尼,帝城名德,善于开导,工谈义理。常入宫与太后说法,其资养缁流,从无比也。

注释

① **太后从姑**:灵太后胡氏的从祖姑,曾引导太后"略通佛经大义"(《魏书》卷十三)。

译文

胡统寺,由灵太后的一个从姑所建。

从姑入佛门为尼,就住在此寺。

位于永宁寺南一里多远处。宝塔有五层,金色的刹竿高高耸立。相连接的房屋布满四周,门窗交错对应。朱漆的柱子与白色的墙壁，特别好看。这座寺内的诸尼，都是京城里的佛门名流，善于说法，巧于辩析义理。经常进入宫廷为太后说法。作为出家人的素养之高，其他僧尼无法与之相比。

修梵寺

原典

修梵寺，在青阳门内御道北。嵩明寺，复在修梵寺西。并雕墙峻宇，比屋连甍，亦是名寺也。修梵寺有金刚，鸠鸽不入，鸟雀不栖。菩提达摩云得其真相也。

寺北有永和里，汉太师董卓①之宅也。

里南北皆有池，卓之所造。今犹有水，冬夏不竭。里中有太傅录尚书事长孙稚②、尚书右仆射郭祚③、吏部尚书邢峦④、廷尉卿元洪超⑤、卫尉卿许伯桃⑥、凉州刺史尉成兴⑦等六宅。

皆高门华屋，斋馆敞丽。楸槐荫途，桐杨夹植。当世名为贵里。掘此地者，辄得金玉宝玩之物。时邢峦家常掘得丹砂及钱数十万，铭云"董太师之物"。后卓夜中随峦索此物，峦不与之。经年峦遂卒矣。

注释

① 董卓：(公元？——一九二年)《后汉书》卷一百二有传。

② 长孙稚：《北史》卷二十二有传。

③ 郭祚：《魏书》卷六十四有传。

④ 邢峦：《魏书》卷六十五有传，然未载其任职吏部尚书。

⑤ 元洪超：《魏书》卷十五有传。

⑥ 许伯桃：传不详。曾参预孝明帝正光元年宫中举行的释道辩论。

⑦ 尉成兴：名聿，《魏书》卷二十六有传。

译文

修梵寺，位于青阳门内御道之北。嵩明寺，则还在修梵寺的西侧。都是彩雕般的墙壁，高峻的建筑，屋脊连着屋脊，算得上是名寺。修梵寺有金刚的像，鸠鸽不敢飞近，燕雀也不筑巢栖息于此。菩提达摩说这尊像雕出了金刚的真相。

寺北有永和里，汉代太师董卓的宅邸在此。

永和里的南北都有池塘，为董卓所开挖。至今仍蓄着水，冬夏两季也不枯竭。里内有太傅录尚书事长孙稚、尚书右仆射郭祚、吏郭尚书邢峦、廷尉卿元洪超、卫尉卿许伯桃、凉州刺史尉成兴六人的宅邸。

这些宅邸无一不是高门华堂，书房别院也宽敞漂亮。楸树槐树给道路带来荫护，还交错地种植着桐树杨树。当代称之为"贵里"。在这一带向地下挖掘，总能获得金玉珍品。当时邢峦家就前后挖到丹砂以及铜钱数十万，有铭文说是"董太师之物"。后来董卓半夜里找邢峦索回这些东西，邢峦拒不交出。次年邢峦就死了。

景林寺

原典

　　景林寺，在开阳门内御道东。讲殿叠起，房庑连属；丹楹炫日，绣桷迎风，实为胜地。寺西有园，多饶奇果。春鸟秋蝉，鸣声相续。中有禅房[①]一所，内置祇园精舍[②]，形制虽小，巧构难比。加以禅阁虚静，隐室凝邃；嘉树夹牖，芳杜匝阶；虽云朝市，想同岩谷。净行之僧，绳坐其内，飧风服道，结跏数息。

　　有石铭一所，国子博士卢白头[③]为其文。

　　白头，一字景裕，范阳人也。性爱恬静，丘园放敖。学极六经，说通百氏。普泰初，起家为国子博士。虽在朱门，以注述为事，注《周易》④行之于世也。

建春门内御道南，有句盾、典农、籍田三署⑤。籍田南有司农寺⑥。御道北有空地，拟作东宫，晋中朝时太仓处也。太仓西南有翟泉，周回三里，即《春秋》所谓王子虎、晋狐偃盟于翟泉也。

水犹澄清，洞底明净，鳞甲潜藏，辨其鱼鳖。

高祖于泉北置河南尹。

中朝时步广里也。

泉西有华林园⑦。高祖以泉在园东，因名苍龙海⑧。华林园中有大海，即汉天渊池⑨。

池中犹有魏文帝九华台⑩。高祖于台上造清凉殿；世宗在海内作蓬莱山。山上有仙人馆。台上有钓台殿。并作虹霓阁，乘虚来往。至于三月禊日，季秋巳辰⑪，皇帝驾龙舟鹢首，游于其上。

海西有藏冰室，六月出冰，以给百官。海西南有景阳山，山东有羲和岭，岭上有温风室。山西有姮娥峰，峰上有露寒馆，并飞阁相通，凌山跨谷。山北有玄武池，山南有清暑殿。殿东有临涧亭，殿西有临危台。

景阳山南有百果园。果别作林⑫，林各有堂。有仙人枣，长五寸，把之两头俱出，核细如针，霜降乃熟，食之甚美。俗传云出昆仑山，一曰西王母枣。又有仙人桃，其色赤，表里照彻，得霜乃熟。亦出昆仑山，一曰王母桃也。

奈林南有石碑一所，魏明帝所立也，题云"苗茨之碑"。高祖于碑北作苗茨堂⑬。

永安中，庄帝马射于华林园，百官皆来读碑，疑"苗"字误。国子博士李同轨⑭曰："魏明英才，世称三祖⑮。公幹、仲宣⑯为其羽翼。但未知本意如何，不得言误也。"衒之时为奉朝请⑰，因即释曰："以蒿覆之，故言苗茨。何误之有？"众咸称善，以为得其旨归。

奈林西有都堂⑱，有流觞池。堂东有扶桑海。凡此诸海，皆有石窦流于地下，西通谷水，东连阳渠，亦与翟泉相连。若旱魃为害，谷水注之不竭；离毕滂润⑲，阳谷泄之不盈。至于鳞甲异品，羽毛殊类，濯波浮浪，如似自然也。

注释

① **禅房**：坐禅室。

② **祇园精舍**：古代印度舍卫城中的精舍名。是须达长者用私财买下祇陀太子的园林，为释尊与其教团而建的僧房。

③ **卢白头**：《魏书》卷八十四、《北史》卷三十有传。

④ 注《周易》：《隋书·经籍志》所著录"《周易》一帙十卷，卢氏注"。

⑤ 句盾、典农、籍田三署：汉以来的官名，分别为掌管御苑、公田、天子亲耕之田的官署。

⑥ 司农寺：掌管全国农政的官署。

⑦ 华林园：由魏明帝所建，原名芳林园，后齐王芳改称华林园。为洛阳名园之一。

⑧ 苍龙海：苍龙为东方星宿之名。因其所代表方位为东，所以用来命名翟泉。

⑨ 汉天渊池：天渊池不始于汉代，《三国志·魏志·文帝纪》载"黄初五年（公元二二四年）穿天渊池"。

⑩ 九华台：据《魏志·文帝纪》，为黄初七年（公元二二六年）所筑。

⑪ 三月禊日，季秋巳辰：古人以三月上巳日临水修禊，以洗濯祓除。据《晋书·礼志》，修禊于天渊池之习，西晋时已然。巳辰：巳为地支第六位，又为十二时辰之一。《太平御览》卷二十四《时序部九》引王子年《拾遗记》曰："汉武帝尝以季秋之月，泛灵之舟于林池之上，穷夜达昼。"据此，则皇帝于暮秋泛舟，当有渊源可寻。

⑫ 果别作林：据入矢氏《译注》，此处的"别"字，用法特殊，与下句"林各有堂"的"各"字互文见

义。"果别"相当于"每果",为当时口语形态,《齐民要术》中有"树别"等、唐代敦煌写本《燕子赋》中有"月别"的用例。

⑬ **苗茨堂**:苗,义同茅;茨,指以茅苇盖屋。据《魏书》卷十九中《任城王传》,魏孝文帝将凝闲堂改名为苗茨堂,取"不可以纵奢以忘俭,自安以忘危"之义。

⑭ **李同轨**:(公元?—五四六年)《魏书》卷八四有传。

⑮ **三祖**:《三国志·魏志·明帝纪》曰:"景初元年,有司奏,武皇帝(曹操)拨乱反正,为魏太祖。文皇帝(曹丕)应天受命,为魏高祖。帝(曹睿)制作兴治,为魏烈祖,三祖之庙,万世不毁。"又《诗品》卷下魏武帝诗、魏文帝诗条曰:"睿不如丕,亦称三祖。""三祖"之称,为时人所乐用。

⑯ **公幹、仲宣**:刘桢与王粲,为活跃于魏文帝时期的著名文士。此处行文作明帝"羽翼",虽与史实不合,然不必拘泥求之。此属俞樾《古书疑义举例》中所谓"古人行文不避疏略"例。

⑰ **奉朝请**:古代诸侯春季朝见天子叫朝,秋季朝见叫请。汉代对退职大臣、将军、皇室、外戚,多给以奉朝请名义。西晋也以宗室外戚为奉车、驸马、骑都尉,而加奉朝请名义。北魏列为"从七品"官(《魏书·官氏志》)。

⑱**都堂**：都亭，在华林园西隅，供因公务赴京官员投宿。

⑲**离毕滂润**：本于《诗经·小雅·渐渐之石》"月离于毕，俾滂沱矣"句。离即历，毕为西方星宿名，古人以为月历于毕就有雨。

译文

景林寺位于开阳门内御道之东。讲经的殿堂层层高耸，四周的房屋间间相连；红色的堂柱辉映阳光，五彩的画椽迎送流风，这里确实是一个名胜之地。寺的西侧有园林，生长着很多奇异的果树。春鸟秋蝉，鸣啭之声此歇彼起，随时光而连续。园内有一所禅房，禅房内安置着祇洹精舍的模型，制作得虽不大，但精巧无比。加上禅房寂静，隐室深邃；嘉树重掩门窗，杜若绕阶送香；虽说是在都城之内，却仿佛处于深山之中。修炼清净行的僧人们，坐在室内的绳床上，舍弃口腹的欲望，感受佛道的崇高；结跏趺坐，默数气息的出入，以达到心静神定。

有一块石碑，铭文由国子博士卢白头所撰写。

白头，一字景裕，是范阳（河北涿县）人。天性爱好恬静，自由自在地过田园生活。他的学识遍极六经，谈论通达诸子百家。普泰初年（公元五三一年），被起用为国子博士。尽管身居高位，仍热心于学问，他注的《周易》流行于当时。

建春门内御道之南有句盾、典农、籍田三署。籍田署的南边有司农寺。御道之北有一块空地，准备建东宫，此处是晋朝建都洛阳时太仓的旧址。太仓西南有翟泉，池周回达三里，也就是《春秋》（僖公二十九年）中王子虎与晋国的狐偃会盟的"翟泉"。

池水还很清澈，透底明净，能辨别出潜隐于深水之中的鱼鳖。

高祖在翟泉之北设置河南尹的公署。

晋朝建都洛阳时此处是步广里。

翟泉之西有华林园。因为翟泉在华林园的东边，所以高祖将它命名为苍龙海。华林园中有大湖泊，就是汉代的天渊池。

天渊池中还有魏文帝时建筑的九华台。高祖在这个台上修造了清凉殿，世宗在华林园的大湖泊里造起了蓬莱山。山上有仙人馆。九华台上有钓台殿。在殿台楼阁之间，建起了如彩虹一般的阁道，来来往往，就像是乘空而行。每当三月三修禊之日，或是暮秋巳辰之时，皇帝乘坐着船头画有鹢鸟的龙舟游览于池中。

大湖泊的西边是藏冰室。一到六月就将冰取出，赐给百官。大湖泊的西南有景阳山，山的东侧有羲和岭，岭上有温风室。山的西侧有姮娥峰，峰上有露寒馆，空中阁道跨越山谷之间，彼此勾通连接。山的北侧有玄武池，山的南侧有清暑殿。殿东有临涧亭，殿西有临危台。

景阳山的南边有百果园。果物以类分别，各自为林，林内各有一堂。有仙人枣，长达五寸，用手一抓，枣肉就向两边溢出，枣核细小如针，霜降时才成熟，食用起来味道很美。民间传说这种枣出于昆仑山，也有人称作西王母枣。又有仙人桃，颜色赤红，内外透明，经霜打之后才成熟。它也出于昆仑山，又称王母桃。

柰树林的南边有一座石碑，是魏明帝所立，题写为"苗茨之碑"。高祖在石碑的北面修建了苗茨堂。

永安年间（公元五二八—五三〇年），庄帝于华林园中骑射的时候，随从百官都来读此石碑，怀疑"苗"字有误。国子博士李同轨说："魏明帝是英明之主，世人将他与武帝、文帝合称三祖。刘公幹、王仲宣都是他的辅翼之臣。只是不知此碑文的本意如何，不能轻易说它有误。"我当时为奉朝请，接着解释说："以蒿草覆盖房屋，因此称为苗茨。又有什么错误呢？"众人异口同声说好，认为抓住了碑文的旨趣。

柰树林的西边有都堂，有流觞池。都堂之东有扶桑海。以上这些沼池湖泊,都有石渠导流于地下,西与谷水相通,东与阳渠相接,也与翟泉相连。如遇旱鬼作怪为害,谷水能够不断地涌入而不枯竭;如遇大雨滂沱而下,阳渠又能不断地排出而不泛滥。至于水里的各种鱼鳖,空中的各类飞鸟,在水面上戏波浮浪,这不是有自然的神趣吗!

3　卷二城东

明悬尼寺

原典

明悬尼寺，彭城武宣王勰所立也。在建春门外石桥南。

谷水周围绕城，至建春门外，东入阳渠石桥。桥有四石柱，在道南，铭云："汉阳嘉四年将作大匠马宪[①]造。"逮我孝昌三年，大雨颓桥，南柱始埋没，道北二柱，至今犹存。衒之按：刘澄之《山川古今记》[②]、戴延之《西征记》[③]并云晋太康元年造，此则失之远矣。按澄之等并生在江表，未游中土，假因征役，暂来经过，至于旧事多非亲览，闻诸道路，便为穿凿，误我后学，日月已甚。

有三层塔一所,未加庄严。寺东有中朝时常满仓,高祖令为租场,天下贡赋所聚蓄也。

注释

① **将作大匠马宪**:据《水经注》谷水条记作"使中谒者魏郡清渊马宪监作石桥梁柱",马宪当是以中谒者身份一度出任将作大匠。

② **《山川古今记》**:《隋书·经籍志》著录刘澄之《永初山川古今记》二十卷,官衔题作"齐都官尚书",并著录其《司州山川古今记》三卷。姚振宗《隋书·经籍志考证》认为后者亦为前者之篇目。

③ **《西征记》**:《隋书·经籍志》著录为二卷,又著录戴祚《西征记》一卷。据章宗源《隋书·经籍志考证》,"祚与延之本一人,祚乃其名而以字行。《隋志》两见,当系重出"。西征指东晋末年随刘裕征讨姚泓。

译文

明悬尼寺,由彭城武宣王勰所建。在建春门外石桥之南。

谷水四周围绕着城墙,一直到建春门外,向东流入阳渠石桥之下。石桥有四根石柱，在路南侧，石柱上刻有"汉阳嘉四年（公元一三五年）将作大匠马宪造"等字。到我朝孝昌三年（公元五二七年）大雨冲垮了石桥，路南的石柱才埋没于地下，路北的两根石柱，到现在还留存。衒之曰：刘澄之《山川古今记》、戴延之《西征记》等书都说此石桥是晋太康元年（公元二八〇年）建造，这种说法相差太远了。澄之等人都生在江南，没有游历中原，借着远征服役的机会，偶尔经过此地，对于过去的事情，大多不是亲眼所见，只是道听途说，就随便加以穿凿附会，给后人造成的谬误，已经沿续了很长时间。

寺内有一座三层宝塔，没有加以修饰。寺的东边有晋中朝时的常满仓，高祖下令将它改为收租场，天下各地的贡赋都聚集在这个地方。

龙华寺

原典

龙华寺，宿卫、羽林、虎贲[①]等所立也。在建春门外阳渠南。

寺南有租场。

阳渠北有建阳里，里内有土台，高三丈，上作二精舍。

赵逸云："此台是中朝时旗亭②也。"上有二层楼，悬鼓，击之以罢市。

有钟一口，撞之，闻五十里。太后以钟声远闻，遂移在宫内，置凝闲堂③前，与内讲沙门打为时节。孝昌初，萧衍子豫章王综来降④，闻此钟声，以为奇异，遂造《听钟歌》三首⑤，行传于世。

综字世谦，伪齐昏主宝卷⑥遗腹子也。宝卷临政淫乱，吴人苦之。雍州刺史萧衍立南康王宝融为主，举兵向秣陵，事既克捷，遂杀宝融而自立。宝卷有美人吴景晖，时孕综经月，衍因幸景晖，及综生，认为己子，小名缘觉，封豫章王。综形貌举止甚似昏主，其母告之，令自方便。综遂归我圣阙，更改名曰赞，字德文，始为宝卷追服三年丧。明帝拜综太尉公，封丹阳王。永安年中，尚庄帝姊寿阳公主，字莒犁。公主容色美丽，综甚敬之，与公主语，常自称下官。授齐州刺史，加开府。及京师倾覆⑦，综弃州北走。时尔朱世隆专权，遣取公主至洛阳，世隆逼之，公主骂曰："胡狗，敢辱天王女乎！"世隆怒，遂缢杀之。

注释

① 虎贲：与羽林同为直属天子控制的近卫军之一，职责为宿卫宫城。

② 旗亭：市楼，负责监管店铺林立的市场。张衡《西京赋》曰："旗亭五重，俯察百隧。"(《文选》卷二）

③ 凝闲堂：改名前的苗茨堂。见卷二景林寺条。

④ 豫章王综来降：《魏书》卷五十九《萧赞传》谓其"孝昌元年（公元五二五年）秋，届于洛阳"。萧综归顺北魏以后，改名为赞（《梁书》及《南史》作"缵"）。

⑤《听钟歌》三首：载于《梁书·豫章王综传》。

⑥ 宝卷：（公元四八三—五〇一年）齐帝，残暴无道，死后追封东昏侯。

⑦ 京师倾覆：指永安三年（公元五三〇年）十二月洛阳被尔朱兆与尔朱世隆占据。

译文

龙华寺，是宿卫、羽林、虎贲等将士所建造。在建春门外的阳渠之南。

寺的南面有租场。

阳渠的北边有建阳里，里内有一座土台，高达三丈，上面建造了两个精舍。

赵逸说："这座土台是晋中朝时的旗亭。"亭上有二层楼的建筑，上面悬挂着一面鼓，敲击此鼓以代表集市的结束。

有一口钟，撞击此钟，声音可以传到五十里外。太后因为此钟的声音很远的地方都能听见，于是就将它搬移到宫内，安置在凝闲堂之前，给在宫内讲经的和尚打更计时。孝昌初年，萧衍的儿子豫章王萧综来归降，听到此钟声，感到很惊奇，于是创作了《听钟歌》三首，流行传诵于世。

萧综字世谦，是伪齐东昏侯宝卷的遗腹子。宝卷临朝执政的时候，荒淫昏乱，吴地的人民深感痛苦。雍州刺史萧衍于是拥立南康王宝融为一国之主，率领兵马杀向秣陵（今南京），在即将全胜之际，萧衍就杀死宝融，自立为王。宝卷有一个宫女名叫吴景晖，当时怀着萧综已有一个月，萧衍因为曾经将景晖占为己有，所以等到萧综降生时，萧衍就认他为自己的儿子，小名缘觉，封他为豫章王。萧综的相貌举止很像东昏侯，他的母亲将实情告诉他，由他自己做出选择。萧综于是归降我大魏王朝，并改名为赞，字德文，从那时开始为宝卷追服三年丧。孝明帝任用他为太尉公,封为丹阳王。永安年间,娶庄帝的姐姐寿阳公主莒犁。公主容貌美丽,萧综很敬重她,与公主谈话时,常常自称下官。他被授予齐州刺史,加官开府。京城大乱时,萧综丢下所管辖的齐州,往北逃走。那时尔朱世隆专权,派人捉拿公主到洛阳,世隆对她强暴,公主骂道:"胡狗,竟敢污辱天王的女儿!"世隆发怒,就将公主绞死。

璎珞寺

原典

璎珞寺,在建春门外御道北,所谓建阳里也。

即中朝时白社①地,董威辇②所居处。

里内有璎珞、慈善、晖和、通觉、晖玄、宗圣、魏昌、熙平、崇真、因果等十寺。里内士庶,二千余户,信崇三宝③。众僧利养,百姓所供也。

注释

① 白社:里名,在今河南偃师县内,其地有丛祠,故名。

②董威辇：名京，事迹见《晋书·隐逸传》。
③三宝：佛教术语，指佛、法、僧。

译文

璎珞寺，位于建春门外御道之北，就是所谓建阳里。

也就是晋中朝时白社的所在地，董威辇的住处也在这一带。

里内有璎珞、慈善、晖和、通觉、晖玄、宗圣、魏昌、熙平、崇真、因果十座寺院。里内的两千多户居民都信仰佛教。众僧的生活也由百姓供养。

宗圣寺

原典

宗圣寺，有像一躯，举高三丈八尺，端严殊特，相好①毕备，士庶瞻仰，目不暂瞬。此像一出，市井皆空，炎光辉赫，独绝世表。妙伎杂乐，亚于刘腾。城东士女，多来此寺观看也。

注释

① **相好**：佛具有三十二瑞相与八十种好，因以相好为佛像的敬称。

译文

宗圣寺内，有一尊佛像，高达三丈八尺，庄严端正，具备佛的所有的吉相。前来朝拜的人们，被吸引得目不转睛。每当这尊佛像搬出来参加佛教庆典，平常熙熙攘攘的街巷就为之一空。佛像的光辉灿烂，真是超凡入圣。伴随表演的杂技、音乐，其精彩程度仅次于刘腾的长秋寺。城东的男男女女，大多聚集在此寺观看。

崇真寺

原典

崇真寺比丘慧嶷，死经七日还活。经阎罗王①检阅，以错召放免。

慧嶷具说过去之时，有五比丘同阅。一比丘云是宝明寺智圣，以坐禅苦行，得升天堂。有一比丘云是般若寺道品，以诵四十卷《涅槃》②，亦升天堂。有一比丘云是融觉寺昙谟最③，讲《涅槃》《华严》，领众千人。阎罗王曰："讲经者心怀彼我，以骄凌物，比丘中第一粗行。今唯试坐禅、诵经，不问讲经。"其昙谟最曰："贫道立身以来，唯好讲经，实不暗诵。"阎罗王敕付司，即有青衣十人送昙谟最向西北门。屋舍皆黑，似非好处。有一比丘云是禅林寺道弘，自云教化四辈檀越，造一切经，人中金像十躯。阎罗王曰："沙门之体，必须摄心守道，志在禅诵，不干世事，不作有为。虽造作经像，正欲得他人财物；既得财物，贪心即起；既怀贪心，便是三毒④不除，具足烦恼。"亦付司，仍与昙谟最同入黑门。有一比丘云是灵觉寺宝真，自云出家之前，尝作陇西太守，造灵觉寺。寺成，即弃官入道。虽不禅诵，礼拜不缺。阎罗王曰："卿作太守之日，曲理枉法，劫夺民财，假作此寺，非卿之力，何劳说此。"亦付司，青衣送入黑门。时太后闻之，遣黄门侍郎徐纥⑤依慧嶷所说，即访宝明等寺。城东有宝明寺，城内有般若寺，城西有融觉、禅林、灵觉等三寺，问智圣、道品、昙谟最、道弘、宝真等，皆实有之。议曰："人死有罪福。"即请坐禅僧一百人，常在殿内供养之。诏不听持经像沿路乞索。若私有财物，造经像者任意。慧嶷亦入白鹿山，隐居修道。自此以后，京邑比丘悉皆禅诵，不复以讲经为意。

出建春门外一里余,至东石桥。

南北而行,晋太康元年造。桥南有魏朝时马市,刑嵇康⑥之所也。桥北大道西有建阳里,大道东有绥民里。里内有河间刘宣明⑦宅。

神龟年中,以直谏忤旨,斩于都市。讫目不瞑,尸行百步,时人谈以枉死。宣明少有名誉,精通经史,危行及于诛死也。

注释

① **阎罗王**:佛教中指地狱主宰。阎罗为梵名,义谓阴止作恶。

② **四十卷《涅槃》**:《大般涅槃经》四十卷本,北凉中天竺沙门昙无谶译。此经另有宋释慧观与谢灵运修订的三十六卷本。又分别称为北本、南本。

③ **昙谟最**:本书卷四融觉寺条又记载其人"善于禅学,讲《涅槃》《华严》,僧徒千人"。《续高僧传》卷三十有传。

④ **三毒**:贪、嗔、痴,佛教视之为人间一切烦恼的根源。

⑤ **徐纥**:《魏书》卷九十三有传。

⑥ **嵇康**：《晋书》卷四十九有传。

⑦ **刘宣明**：《魏书》卷九《肃宗孝明帝纪》载："神龟二年（公元五一九年）九月，瀛州民刘宣明谋反，事觉，伏诛。"与本书对刘氏之死为"枉死"的看法及对刘氏人格的好评，截然不同。本书所记为符合史实，详范氏《校注》所考。

译文

崇真寺的比丘慧嶷死后，过了七天却复活了。通过阎罗王的审查，判定他是被错召进来的，因而免除了这次的死亡。

慧嶷陈述死后经历时，说有五位比丘一同受审。一位比丘据说是宝明寺的智圣，因其坚持坐禅、做苦行僧，获准升入天堂。另有一位比丘是般若寺的道品，因诵读四十卷《涅槃经》，也升入天堂。还有一位比丘据说是融觉寺的昙谟最，生前讲解《涅槃经》与《华严经》，手下有弟子千余人。阎罗王说："讲经的人心里有彼我之分，傲慢欺人，是比丘中品行最粗鄙的。现在只请你试着坐禅、诵经，不要管什么讲解佛经！"这个昙谟最说："愚僧我从长大以来，只爱好讲经，根本不默诵。"阎罗王下令把他交给下属，立即来了十个青衣人,把昙谟最送往西北门。房屋漆黑一团,似乎不是什么好地方。有一位比丘据说是禅林寺的道弘,自称教化过四代施主,并刻写一切经,塑造等身金佛像十尊。阎罗王说:"作为沙门,必须持心守道,专念于坐禅诵经,不干预世俗之事,无心于表现自我。你虽然制作了经、像,却正是为了谋取他人的财物;而一旦获得财物,即起贪心;有了贪心,就是所谓三毒不除、具足烦恼。"也把他交给下属,与昙谟最一同进入黑门。最后的一位比丘据说是灵觉寺的宝真,自述出家之前曾任陇西太守,建造了灵觉寺。寺一落成,随即舍弃官位,加入佛门。虽没有坐禅诵经,但向佛做礼拜从未缺过。阎罗王说:"你做太守的时候,背理违法,用抢夺来的民财,建成此寺,你丝毫没有出力,何必费口舌说这些!"也把他交给下属,由青衣人送进黑门。那时,灵太后听说了这段经历,就派黄门侍郎徐纥依慧嶷所说,察访宝明等寺。城东有宝明寺,城内有般若寺,城西有融觉、禅林、灵觉三寺,打听智圣、道品、昙谟最、道弘、宝真诸人,都是实有其人的。当时出现了这样的意见:人死了以后不免惩罚或福佑。于是请来一百位坐禅僧,把他们供养在内殿。还下诏不许手持佛经、佛像沿路乞求财物。如果个人有财力,可以随意刻经造像。慧嶷则进入白鹿山,隐居其中,修习道法。从那时候以来,京城的比丘都倾心于坐禅诵经，再也不注重讲解佛经了。

走出建春门外一里多地，就到了东石桥。

石桥南北走向，晋太康元年（公元二八〇年）建造。桥的南边有晋中朝时的马市，也就是杀害嵇康的场所。桥北大路的西边有建阳里，大路的东边有绥民里。里内有河间刘宣明的住宅。

神龟年间（公元五一八—五二〇年），刘宣明因为率直进谏，违逆圣旨，被斩杀于街市。眼睛至死不闭，尸体行走百步，当时人都认为他死得冤枉。宣明从小就有很好的名声，精通经学和史学，行为正直以致于被杀而死。

魏昌尼寺

原典

魏昌尼寺，阉官瀛州刺史李次寿①所立也。在里东南角。

即中朝牛马市处也，刑嵇康之所。

东临石桥。

此桥南北行，晋太康元年中朝时市南桥也。澄之等盖见此桥铭，因而以桥为太康初造也。

注释

① **李次寿**：名坚，《魏书》卷九十四、《北史》卷九十二有其传。

译文

魏昌尼寺，是宦官瀛州刺史李次寿所建立。地处建阳里的东南角。

这也就是晋中朝的牛马市的地方，杀害嵇康的场所。

东边面临一座石桥。

这座桥南北相通，是晋太康元年（公元二八〇年）洛阳为首都时的市南桥。刘澄之等人大概见到过这座桥的铭文，所以认为此桥是太康初年所建造的。

景兴尼寺、灵应寺

原典

石桥南道有景兴尼寺，亦阉官等所共立也。有金像辇，去地三丈，上施宝盖，四面垂金铃、七宝珠，飞天伎乐，望之云表。作工甚精，难可扬榷。像出之日，常诏羽林一百人举此像，丝竹杂伎，皆由旨给。

建阳里东有绥民里，里内有洛阳县，临渠水。县门外有洛阳令杨机①清德碑。绥民里东有崇义里，里内有京兆人杜子休宅。

地形显敞，门临御道。时有隐士赵逸，云是晋武时人，晋朝旧事，多所记录。正光初来至京师，见子休宅，叹息曰："此宅中朝时太康寺也。"时人未之信，遂问寺之由绪，逸云："龙骧将军王濬②平吴之后，始立此寺。本有三层浮图，用砖为之。"指子休园中曰："此是故处。"子休掘而验之，果得砖数十万，兼有石铭，云："晋太康六年岁次乙巳九月甲戌朔③八日辛巳仪同三司襄阳侯王濬敬造。"时园中果菜丰蔚，林木扶疏。乃服逸言，号为圣人。子休遂舍宅为灵应寺，所得之砖，还为三层浮图。

好事者遂寻问晋朝京师何如今日，逸曰："晋时民少于今日，王侯第宅与今日相似。"又云："自永嘉已来，二百余年，建国称王者十有六君④，皆游其都邑，目见其事。国灭之后，观其史书，皆非实录，莫不推过于人，引善自向。苻生⑤虽好勇嗜酒，亦仁而不煞，观其治典，未为凶暴。及详其史，天下之恶皆归焉。苻坚⑥自是贤主，贼君取位，妄书君恶。凡诸史官，皆是类也。人皆贵远贱近[7],以为信然。当今之人,亦生愚死智,惑已甚矣。"人问其故,逸曰:"生时中庸之人耳,及其死也,碑文墓志,莫不穷天地之大德,尽生民之能事。为君,共尧舜连衡;为臣,与伊皋等迹。牧民之官,浮虎慕其清尘[8];执法之吏,埋轮谢其梗直[9]。所谓'生为盗跖,死为夷齐'[10]!妄言伤正,华辞损实!"当时构文之士,惭逸此言。步兵校尉李澄问曰:"太尉府前砖浮图,形制甚古,犹未崩毁,未知早晚造?"逸云:"晋义熙十二年刘裕伐姚泓[11],军人所作。"汝南王闻而异之,拜为义父。因而问何所服饵,以致长年,逸云:"吾不闲养生,自然长寿。郭璞[12]常为吾筮云:'寿年五百岁。'今始余半。"帝给步挽车[13]一乘,游于市里,所经之处,多记旧迹。三年以后遁去,莫知所在。

崇义里东有七里桥,以石为之。

中朝杜预[14]之荆州,出顿之所也。

七里桥东一里,郭门开三道,时人号为三门。

离别者多云:"相送三门外。"京师士子,送去迎归,常在此处。

注释

① 杨机:《魏书》卷七十七有传。

② 王濬：《晋书》卷四十二有传。

③ 九月甲戌朔：此处所记有误，因九月朔为丙辰而非甲戌。

④ 十有六君：指五胡十六国的君主。

⑤ 苻生：《晋书》卷一百十二有载记。然关于其"仁而不杀"的方面，未曾记及。

⑥ 苻坚：苻生堂弟。

⑦ 贵远贱近：魏文帝曹丕《典论·论文》曰："常人贵远贱近，向声背实。"（《文选》卷五十二）

⑧ 浮虎慕其清尘：《后汉书》卷一百九《刘昆传》曰："先是崤黾驿道多虎灾，行旅不通，昆为政三年，仁化大行，虎皆负子渡河。"

⑨ 埋轮谢其梗直：《后汉书》卷八十六《张纲传》曰："汉安元年（公元一四二年）选遣八使，徇行风俗，皆耆儒知名，多历显位，唯纲年少，官次最微。余人受命之部，而纲独埋其车轮于洛阳都亭，曰：'豺狼当路，安问狐狸？'"遂奏劾大将军梁冀无君之心十五事。

⑩ 生为盗跖，死为夷齐：伯夷、叔齐（事迹详《史记·伯夷列传》）与盗跖（相传为春秋末期人）常被用作贪欲与廉洁的象征，形成鲜明对照。如《孟子·滕文公下》："仲子所居之室，伯夷之所筑与？抑亦盗跖之所筑与？"

⑪ **刘裕伐姚泓**：曹晋末年，刘裕（后为宋武帝）多次北伐。为讨伐后秦姚泓，率军至洛阳，事见《晋书》卷十《安帝纪》及《宋书》卷二《武帝纪》。

⑫ **郭璞**：（公元二六七—三二四年）《晋书》卷七十二有传。

⑬ **步挽车**：用人牵拉的车。这里用作赏赐，表示礼遇。

⑭ **杜预**：《晋书》卷三十四有传。《世说新语·方正篇》曰："杜预之荆州，顿七里桥，朝士悉祖。"

译文

石桥南路有景兴尼寺，也是宦官们所共同建立。有用黄金做成的像车，离地三丈，上面遮覆着宝盖，四面垂挂着金铃和七种宝玉，还有天女歌舞演奏的塑像，远看好似在云端之上。做工非常精巧，几乎无法用语言来形容。像车出寺的时候，经常是一百个羽林士兵受皇帝之命抬举此像，丝竹乐器以及杂耍歌舞的人，也都是皇上直接下令派来的。

建阳里的东边有绥民里，里内有洛阳县的县府，前临阳渠水流。县府门外有洛阳县令杨机的清德碑。绥民里的东边有崇义里，里内有京兆人杜子休的住宅。

地形开阔，宅门面临御道。当时有一位隐士赵逸，据说是晋武帝时的人，对晋朝的许多旧事，记忆犹新。正光初年（公元五二〇年）来到京城，目睹杜子休的住宅后叹息着说："这所宅邸是中朝时的太康寺。"当时的人不相信，于是询问寺的来历，赵逸说："龙骧将军王浚平定吴国之后，才开始建造此寺。本来有三层佛塔，用砖砌成。"手指着杜子休庭园中说："这就是佛塔的遗址。"杜子休往地下挖掘以求验证，果然挖到好几万块砖，同时挖到石铭，铭文说："晋太康六年（公元二八五年）岁次乙巳九月甲戌朔八日辛巳仪同三司襄阳侯王浚敬造。"当时庭园中种植的水果与蔬菜相当茂盛，成排的树木枝叶扶疏。赵逸的话令人心悦诚服，博得"圣人"之称。杜子休就将住宅贡献出来建成灵应寺，所挖的砖块按原样盖成三层佛塔。

有一些喜欢多事的人进而询问晋朝京城与现在相比怎样，赵逸说："晋时人口比今天少，而王侯贵族的宅邸与今天一样多。"又说："自从永嘉（公元三〇七—三一三年）以来二百多年，建国称王的共有十六国君，这些国家的都城我都游历过，亲眼看见种种事情。国家灭亡以后，如果去看记录国事的史书，可以说都不是实录，无一不是把过错推给别人，把善良拉向自己。苻生虽然好尚勇武，嗜酒成性，不过也还是有仁心，不杀人。查看他当政的决策，不能说是凶恶残暴。可是等到你去阅读史书时，就变成天下所有的坏事都归罪于他。苻坚原本是贤明的君主，却写成害死国君，篡夺帝位，对君王恶行的记录不以事实为根据。所有的史官，都不出这种类型。人们都贵远贱近，真是不假。再说当今的，也都是活着的时候又愚又蠢，死了以后大智大慧，受迷惑已太厉害了。"别人问他为什么这样说，赵逸回答道："活着的时候不过是平平庸庸的人，等到死了，碑文或墓志铭中，无不将墓主写成囊括天地的大德，有穷尽人间的本领。如果是君王的话，就与尧舜比肩；如果是臣僚的话，就与伊尹、皋陶匹敌。如果当的是地方官，为政的清廉连恶虎也感化得渡河而去；如果当的是司法官，为人的耿直就体现在将车轮埋葬的举动中。真是所谓'生的时候是盗跖，死了以后就变成伯夷、叔齐'！阿谀的言辞戕害正义，华美的文句损伤真实！"当时舞文弄墨的文士，惭愧于赵逸的这番话。步兵校尉李澄提问说："太尉府前的砖塔，式样很古老，还没有倒塌，不知何时建造的？"赵逸说："晋义熙十二年（公元四一六年）刘裕讨伐姚泓时，军队的人所建。"汝南王听说后特别惊叹，拜赵逸为义父。并问他服用了什么才长寿，赵逸说："我并不讲究养生，自然而然长寿罢了。郭璞曾经为我占卜说：'寿命有五百岁。'现在才刚刚过半。"皇帝赐给他一辆步挽车,在街市内游览。他对所经之处的旧址遗迹,大多知悉。三年以后隐遁而去,世人不知他的行踪。

崇义里的东边有七里桥,用石头建造。

中朝的时候,杜预赴荆州之际,曾在此停留。

七里桥东一里远处,外城门开通三条道路,因而当时的人称之为三门。

与亲友分手告别的人都习惯说:"相送三门外。"京城的文人学士也常在此为外出者送行,为归来者接驾。

庄严寺

原典

庄严寺,在东阳门外一里御道北,所谓东安里也。北为租场。里内有驸马都尉司马悦①、济州刺史刁宣②、幽州刺史李真奴③、豫州刺史公孙骧等四宅。

注释

① **司马悦**:《魏书》卷三十七有传,然未载其为驸马都尉。

② **刀宣**：其妻为东平王元略之姐饶安公主。当北海王入洛后，与陈庆之交战，战败投降。详周氏《校释》所考。

③ **李真奴**：李欣。真奴为其幼名。《魏书》卷四十六有传，然未载其为幽州刺史。

译文

庄严寺地处东阳门外一里，御道之北，就是所谓东安里。北边是租场，里内有驸马都尉司马悦、济州刺史刀宣、幽州刺史李真奴、豫州刺史公孙骧的四所住宅。

秦太上君寺

原典

秦太上君寺，胡太后所立也。

当时太后，正号崇训①，母仪天下，号父为秦太上公，母为秦太上君②。为母追福，因以名焉。

在东阳门二里御道北，所谓晖文里。

里内有太保崔光③、太傅李延寔④、冀州刺史李韶⑤、秘书监郑道昭⑥等四宅。并丰堂崛起,高门洞开。赵逸云:"晖文里是晋马道里,延寔宅是蜀王刘禅宅,延寔宅东有修和宅,是吴王孙皓宅,李韶宅是晋司空张华⑦宅。"

中有五层浮图一所,修刹入云,高门向街。佛事庄饰,等于永宁。诵室、禅堂,周流重叠;花林芳草,遍满阶墀。常有大德名僧,讲一切经⑧,受业沙门,亦有千数。

太傅李延寔者,庄帝舅也。永安年中,除青州刺史,临去奉辞。帝谓寔曰:"怀砖之俗,世号难治。舅宜好用心,副朝廷所委。"寔答曰:"臣年迫桑榆,气同朝露,人间稍远,日近松丘。臣已久乞闲退,陛下渭阳兴念⑨,宠及老臣,使夜行罪人⑩,裁锦万里,谨奉明敕,不敢失坠。"时黄门侍郎杨宽⑪在帝侧,不晓怀砖之义,私问舍人温子昇⑫。子昇曰:"闻至尊兄彭城王⑬作青州刺史,闻其宾客从至青州者云:'齐土之民,风俗浅薄,虚论高谈,专在荣利。太守初欲入境,皆怀砖叩首,以美其意;及其代下还家,以砖击之。'言其向背速于反掌。是以京师谣语曰:'狱中无系囚,舍内无青州,假令家道恶,腹中不怀愁。'怀砖之义,起在于此也。"

颍川荀济⑭,风流名士,高鉴妙识,独出当世。清河崔叔仁⑮称齐士大夫。济曰："齐人外矫仁义，内怀鄙吝；轻同羽毛，利等锥刀。好驰虚誉，阿附成名。威势所在，侧肩竞入；求其荣利，甜然浓泗。譬于四方，慕势最甚。"号齐士子为"慕势诸郎"。临淄官徒而在京邑，闻"怀砖""慕势"，咸共耻之，唯崔孝忠⑯一人不以为意。问其故，孝忠曰："营丘风俗⑰，太公余化，稷下儒林⑱，礼义所出。今虽凌迟，足为天下模楷。苟济人非许郭⑲，不识东家⑳，虽复莠言自口，未宜荣辱也。"

注释

① **正号崇训**：孝明帝五岁即帝位后，其母胡氏被尊为崇训皇太后。

② **秦太上公、秦太上君**：太后父名胡国珍，曾任雍州刺史，故赠号秦公，太后亦为之立寺，见本书卷三秦太上公寺条。尊皇后之父而称"太上"，在历史上为破例之举，当时即有人议其不妥。又据《魏书·外戚列传》及《胡国珍传》，太后于神龟元年（公元五一八年）追赠其母为秦太上后。两寺都是胡太后委派宦官刘腾负责修筑的。（《魏书·刘腾传》）

③ **崔光**：（公元四五一——五二三年）《魏书》卷六十七有传。

④ **李延寔**:《魏书》卷八十三下有传。

⑤ **李韶**:(公元四五三—五二四年)《魏书》卷三十九有传。

⑥ **郑道昭**:《魏书》卷五十六有传。

⑦ **张华**:(公元二三二—三〇〇年)西晋著名政治家与文学家。《晋书》卷三十六有传。

⑧ **一切经**:又称一切经典,一切经藏,指所有的佛典。

⑨ **渭阳兴念**:《诗经·秦风·渭阳》有"我送舅氏,悠悠我思"之句,为其所本。指甥舅之谊。

⑩ **夜行罪人**:触犯夜禁的人,用来比喻老龄而不退位者。《三国志·魏志·田豫传》:"年过七十而以居位,譬犹钟鸣漏尽,而夜行不休,是罪人也。"

⑪ **杨宽**:《周书》卷二十二有传,载其庄帝时任通直散骑侍郎,与本书载其为黄门侍郎有异。

⑫ **温子昇**:《魏书》卷八十五有其传。

⑬ **彭城王**:前述彭城王元勰之子,名劭。事迹详《魏书》卷二十一下。

⑭ **荀济**:《北史》卷八十三有传。荀济为反佛人士,其言论详《广弘明集》卷七"叙列代王臣滞惑解"。

⑮ **崔叔仁**:《魏书》卷六十九有传,讥其"性轻侠"。

⑯ **崔孝忠**:博陵安平(山东临淄)人。《魏书》卷五十七有传。

⑰ **营丘风俗**：营丘为周武王时太公望吕尚的封地。(《史记·齐世家》)

⑱ **稷下儒林**：稷指战国时代齐都的城门，一说指齐都西门外的稷山。天下众多学者或论客会聚于此，为当时学术中心之一。

⑲ **许郭**：许劭、郭泰。《后汉书》卷九十八有传。为东汉清议的代表人物。

⑳ **东家**：东家丘。传说孔子西邻有愚夫，不知孔子为圣人，称孔子为东家丘。

译文

秦太上君寺，由胡太后所建。

当时的太后已有正号叫"崇训"，登上了天下之母的位置，追尊其父叫秦太上公，追尊其母叫秦太上君。就是为给其母祈求冥福，才取这个寺名的。

地处东阳门外二里、御道之北，就是所谓晖文里。

里内有太保崔光、太傅李延寔、冀州刺史李韶、秘书监郑道昭的四所住宅。全是大堂耸立，高门洞开。赵逸说："晖文里是晋朝的马道里，延寔的住宅曾是蜀主刘禅的宅邸，延寔宅的东边有修和的宅邸，曾是吴王孙皓的宅邸，李韶的住宅曾是晋司空张华的宅邸。"

境内有一座五层佛塔，刹竿高入云霄，大门面向街道。佛教装饰庄严而华丽，不亚于永宁寺。诵室、禅堂，层层围于四周；花林芳草，满满布于台阶。经常有大德名僧讲解一切经，而门徒僧人也有上千人。

太傅李延寔是庄帝的舅舅。永安年间（公元五二八—五三〇年）任命为青州刺史，临出发前向庄帝告辞。庄帝对延寔说："怀砖成风的地方，都说很难治理。舅舅应好好用心，不负朝廷的委任。"延寔回答说："我已迫近桑榆之年，生命无异于朝露，逐渐远离人世，日日亲近松丘。我早已乞求退休，而陛下起了渭阳之心，惠顾到我这个老臣，使得像夜行罪人的我，越过万里去学习当地方官。谨遵奉英明的敕令，不敢有所遗漏。"当时黄门侍郎杨宽在庄帝身边，不清楚"怀砖"的意思，私下询问舍人温子昇。子昇说："我听说皇帝的兄长彭城王任青州刺史的时候，听一位随行到青州的宾客说：'齐地的民众，浅薄成风，听起来都是高谈空论，其实一心在于名利。太守入境赴任之初，大家都怀揣砖块磕头拜迎，表示一番好意；到了期满离任踏上归途之时，却用砖块来投掷攻击。'说的是态度的一百八十度变化比反转手掌还要快。所以京城的歌谣说：'狱中没有囚禁者，家中没有青州人，即使家庭交恶运，心里也不添忧愁。''怀砖'的意思就从这里得来。"

颖川荀济是一位风流名士，他的高妙的见识在当时特别出类拔萃。清河崔叔仁称扬齐地的士大夫。荀济则说："齐人外表用仁义装扮，内心充满鄙吝之情；为人轻薄如同羽毛，尖刻无情如同锥刀。爱好虚名远传，迎合依附名流。攀附权势，争先恐后；追逐名利，如蝇似蚊。与四面八方的人相比较，齐人爱慕权势最厉害。"于是就给齐的士大夫取外号叫"慕势诸郎"。临淄出身而在京城任官当差的人，听到"怀砖""慕势"的说法，都感到羞耻，只有崔孝忠一个人不在意。问其原因，孝忠说："营丘的民情源于太公望的遗风，稷下的儒林开创出礼义。现在虽然败落，仍足以成为天下的楷模。荀济不是许劭、郭泰那样的人才，不识东邻人家为谁，虽然口出恶言丑语，却不必因此感到羞耻。"

正始寺

原典

正始寺，百官等所立也。

正始中立，因以为名。

在东阳门外御道南，所谓敬义里也。

里内有典虞曹[①]。

檐宇精净，美于景林。众僧房前，高林对牖，青松绿柽，连枝交映。多有枳树，而不中食。有石碑一枚，背上有侍中崔光施钱四十万，陈留侯李崇②施钱二十万，自余百官各有差，少者不减五千已下。后人刊之。

敬义里南有昭德里，里内有尚书仆射游肇③、御史中尉李彪④、七兵尚书崔休⑤、幽州刺史常景、司农张伦⑥等五宅。

彪、景出自儒生，居室俭素。惟伦最为豪侈，斋宇光丽，服玩精奇，车马出入，逾于邦君。园林山池之美，诸王莫及。伦造景阳山，有若自然。其中重岩复岭，嵚崟相属；深溪洞壑，逦迤连接。高林巨树，足使日月蔽亏；悬葛垂萝，能令风烟出入。崎岖石路，似壅而通；峥嵘涧道，盘纡复直。是以山情野兴之士，游以忘归。天水人姜质⑦，志性疎诞，麻衣葛巾，有逸民之操。见伦山爱之，如不能已，遂造《庭山赋》，行传于世。其辞曰：

夫偏重者，爱昔先民之由朴由纯。然则纯朴之体，与造化而梁津。濠上之客、柱下之史，悟无为以明心，托自然以图志。辄以山水为富，不以章甫为贵。任性浮沉，若淡兮无味⑧。今司农张氏，实踵其人。巨量焕于物表，夭矫洞达其真。青松未胜其洁，白玉不比其珍。心托空而栖有，情入古以如新。既不专流宕，又不偏华尚。卜居动静之间，不以山水为忘。庭起半丘半壑，听以目达心想。进不入声荣，退不为隐放。

尔乃决石通泉，拔岭岩前，斜与危云等并，旁与曲栋相连；下天津之高雾，纳沧海之远烟；纤列之状一如古，崩剥之势似千年。若乃绝岭悬坡，蹭蹬蹉跎，泉水纡徐如浪峭，山石高下复危多；五寻百拔，十步千过，则知巫山弗及，未审蓬莱如何？

其中烟花露草，或倾或倒；霜干风枝，半耸半垂；玉叶金茎，散满阶坪。然目之绮，烈鼻之馨，既共阳春等茂，复与白雪齐清。或言神明之骨，阴阳之精，天地未觉生此，异人焉识其名？

羽徒纷泊，色杂苍黄，绿头紫颊，好翠连芳。白鹇生于异县，丹足出自他乡，皆远来以臻此，借水木以翱翔，不忆春于沙漠，遂忘秋于高阳。非斯人之感至，何候鸟之迷方？岂下俗之所务，实神怪之异趣。

能造者其必诗，敢往者无不赋。或就饶风之地，或入多云之处，□菊岭与梅岑，随春秋之所悟。远为神仙所赏，近为朝士所知；求解脱于服佩，预参次于山陲。子英游鱼于玉质⑨，王乔系鹄于松枝⑩。方丈⑪不足以妙□，咏歌此处态多奇。嗣宗闻之动魄，叔夜⑫听此惊魂，恨不能钻地一出，醉此山门。

别有王孙公子⑬，逊遁容仪，思山念水，命驾相随。

逢岑爱曲，值石陵欹。庭为仁智之田，故能种此石山。森罗兮草木，长育兮风烟。孤松既能却老，半石亦可留年。若不坐卧兮于其侧，春夏兮共游陟，白骨兮徒自朽，方寸兮何所忆？

注释

① **典虞曹**：以管理山泽园苑为职责的虞人的公署。

② **李崇**：（公元四五五—五二五年）《魏书》卷六十六有传。

③ **游肇**：（公元四五二—五二〇年）《魏书》卷五十五有传。

④ **李彪**：（公元四四〇—五〇一年）《魏书》卷六十二有传。

⑤ **崔休**：《魏书》卷六十九有传。

⑥ **张伦**：《魏书》卷二十四有传。

⑦ **姜质**：《魏书》卷七十九《成淹传》载："淹子霄好为文咏，但词彩不伦，率多鄙俗。与河东姜质等朋游相好，诗赋间起，知音之士，所共嗤笑。间巷浅识，颂讽成群，乃至大行于世。"本书对姜质之赋予以登用，似另有赏文旨趣。

⑧ **淡兮无味**：本于《老子》三十五章"道之出口，

淡乎其无味"。

⑨ **子英游鱼于玉质**：子英为《列仙传》中的人物，"善入水捕鱼，得赤鲤，爱其色好，持归着池中，数以米谷食之，一年长丈余，遂生角，有翅翼。子英怪异，拜谢之。鱼言我来迎汝，汝上背，与汝俱升天。即大雨，子英上其背，腾升而去"。

⑩ **王乔系鹄于松枝**：亦《列仙传》中的故事。"王乔者，周灵王太子晋也。好吹笙，作凤鸣，游伊洛之间。道人浮丘公接以上嵩高山。三十余年后，求之于山上，见桓良曰：告我家七月七日待我于缑氏山巅。至时果乘白鹤驻山头，望之不得到。举手谢时人，数日而去。"

⑪ **方丈**：与蓬莱、瀛州合称三神山。（见《史记·封禅书》）

⑫ **嗣宗、叔夜**：阮籍与嵇康，为竹林七贤的代表。

⑬ **别有王孙公子**：由此句以下至篇末为乱辞。

译文

正始寺由百官群僚所建。

因建于正始年间（公元五〇四—五〇八年），所以如此取名。

位于东阳门外御道之南，也就是叫敬义里的所在。

里内有典虞曹。

屋舍清爽精洁，风景之美胜过景林寺。众僧的居室之前，有高高的树林与窗户相对，青松与绿杨的枝叶相连交映。有很多枳树，但果实不能食用。有一块石碑，背面写有侍中崔光献钱四十万，陈留侯李崇献钱二十万，其余的百官所献金额不等，至少不低于五千。这是后人刻下的。

敬义里的南边有昭德里，里内有尚书仆射游肇、御史中尉李彪、七兵尚书崔休、幽州刺史常景、司农张伦五人的住宅。

李彪、常景为儒者出身，居室俭仆。只有张伦最为豪侈，书房装饰得华丽炫人，趣味收藏品精致珍奇，供进出使用的车马超过国君，园林山池的秀美为诸王所不及。张伦造起景阳山，却看不出人工痕迹。其中重重叠叠的岩岭高高耸立，彼此连属；深深杳杳的溪谷曲折连绵，互相接续。高大的树林足以遮蔽日月，悬垂的葛萝能够通导风雾。崎岖的石路看似阻断，其实连通；深隐的涧道虽然曲折，却又直达。所以爱好山野情趣的人士，在此游览而忘归。天水人姜质，性格狂放，身穿麻衣，头围葛巾，有隐者的风格。见张伦此山，不胜喜爱，于是作《庭山赋》，流传世间。赋文如下：

说到有所偏重，爱好先民的一任纯朴。然而纯朴的本质，是与造化相通。濠上游客与柱下史官，都领悟到无为而澄清心灵，寄托于自然而落实志向。把山水当作富有，不以官服为贵。一任性情如随波浮沉，体味人生似淡而无味。如今司农张氏，确实继承老庄。深厚的人格力量辉耀于外表，奔放的自由精神贯通着真理。青松赛不过此人的纯洁，白玉比不上此人的高贵。心寄托于无而不离于有，情专注于古而更显其新。既不一味放诞，又不偏爱华靡。在动与静之间择地定居，从不忘怀山水。庭中筑起半丘半壑，任意观望想象。进取不追逐名誉，隐退不堕入孤高。

这样穿石通泉，山岭拔地而起于岩前，倾斜上去高触云彩，横看过来连接飞檐；引下银河的雾气，容纳沧海的烟霭；草石分布的样子好像早已如此，山岭崩摧的气势似乎历经千年。至于绝岭与悬坡，险峻难以攀登；泉水纡徐如浪峭，山石高低多险境；五寻之内攀登百尺，十步之间跨越千尺，则知巫山不及此，未审蓬莱胜多少？

其中染霞的花与带露的草，或倾或倒；霜打的树干与风侵的枝条，半耸半垂；玉叶金茎，散满坪野。炫目的色彩，既与阳春争相烂漫，袭人的芳香，又如白雪一般清洌。有人说，这些植物是神明之骨、阴阳之精，天地不知不觉将之生长，常人哪能辨识其种类名称？

鸟类纷纷栖息于此，毛色青黄相杂，有绿头有紫颊，使翠枝芳草更为生意盎然。白鹇、丹足生自他乡，都远道而来，依赖水木而翱翔，不追忆沙漠之春，也忘怀高阳之秋。如不是此人的感化所至，为何候鸟迷失了往返的方向？这岂是俗人的琐事，实为神灵的安排。

能来的人必定作诗，敢上的人无不写赋。或者占据多风的地段，或者进入多云的处所。登临菊岭与梅岗随春秋变化而各有体悟。此地远为神仙所赞赏，近为朝士所知悉；穿戴官服的人求得解脱，加入到爱山者的行列。子英让鱼游于池中，王乔将鹄系于松枝。方丈仙境相比之下也不太奇妙，而歌咏此山的诗句怎能不多彩多姿？料想阮籍听后为之惊心，嵇康听后为之动魄，恨不能钻地而出，在这座山门下沉醉消魂！歌曰：

别有王孙公子，逃避富贵，思山念水，乘车前来。每逢山岭，爱其盘曲；每逢岩石，凭依玩赏。正因庭园是仁智之田，才能种植此石山。繁茂的草木啊，长育于风烟。与孤松为伴可以抗老，与半石为友可以延年。如不坐卧于其侧，春去夏来相游赏，真是白骨空自朽，此心何所忆！

平等寺

> 原典

　　平等寺，广平武穆王怀①舍宅所立也。在青阳门外二里御道北，所谓孝敬里也。堂宇宏美，林木萧森，平台复道，独显当世。寺门外有金像一躯，高二丈八尺，相好端严，常有神验，国之吉凶，先炳祥异。

　　孝昌三年十二月中，此像面有悲容，两目垂泪，遍体皆湿，时人号曰"佛汗"。京师士女，空市里往而观之。有一比丘，以净绵拭其泪，须臾之间，绵湿都尽。更换以它绵，俄然复湿。如此三日乃止。明年四月尔朱荣入洛阳，诛戮百官，死亡涂地。永安二年三月，此像复汗，京邑士庶复往观之。五月，北海王入洛，庄帝北巡。七月，北海王大败，所将江淮子弟五千，尽被俘虏，无一得还。永安三年七月，此像悲泣如初。每经神验，朝夕惶惧，禁人不听观之。至十二月，尔朱兆入洛阳，擒庄帝，帝崩于晋阳。在京宫殿空虚②，百日无主，唯尚书令司州牧乐平王尔朱世隆镇京师。商旅四通，盗贼不作。

　　建明二年，长广王从晋阳赴京师，至郭外，世隆以长广本枝疎远③，政行无闻，逼禅与广陵王恭④。恭是庄帝从父兄也。正光中为黄门侍郎，见元义秉权，政归近习，遂佯哑不语，不预世事。永安中遁于上洛山中，州刺史泉企执而送之。庄帝疑恭奸诈，夜遣人盗掠衣物，复拔刀剑欲杀之。恭张口以手指舌，竟乃不言。庄帝信其真患，放令归第。恭常住龙华寺⑤。至是，世隆等废长广而立焉。禅文曰："皇帝咨广陵王恭，自我皇魏之有天下也，累圣开辅，重基衍业，奄有万邦，光宅四海，故道溢百王，德渐无外。而孝明晏驾，人神乏主。故柱国大将军、大丞相、太原王荣，地实封陕⑥，任惟外相，乃心王室，大惧崩沦，故推立长乐王子攸以续绝业，庶九鼎之命⑦日隆，七百之祚⑧唯永。然群飞未宁，横流且及，皆狼顾鸱张，岳立棋峙。丞相一麾，大定海内。而子攸不顾宗社，仇忌勋德，招聚轻侠，左右壬人。遂虐甚剖心⑨，痛齐钳齿⑩。岂直金版告怨⑪，大鸟感德⑫而已。于是天下之望，俄然已移。窃以宸极不可久旷，神器岂容无主？故权从众议，暂驭兆民。今六军南迈，已次河浦。瞻望帝京，赧然兴愧。自惟寡薄，本枝疏远，岂宜仰异天情，俯乖民望？惟王德表生民，声高万古，往以运属殷忧，时遭多难，卷怀积载，括囊有年。今天眷明德，民怀奥主，历数允集，歌讼同臻。乃徐发枢机，副兹伫属。便敬奉玺绶，归于别邸。王其寅践成业，允执其中，虽休勿休，日慎一日，敬之哉！"

恭让曰："天命至重，历数匪轻。自非德协三才，功济四海，无以入选帝图，允当师锡。臣既寡昧，识无先远，景命虽降，不敢仰承。乞收成旨，以允愚衷。"

又曰："王既德应图箓，金属攸归，便可允执其中，入光大麓，不劳挥逊，致爽人神。"

凡恭让者三。于是即皇帝位，改号曰普泰。黄门侍郎邢子才[13]为赦文，叙述庄帝枉杀太原王之状。广陵王曰："永安[14]手翦强臣，非为失德；直以天未厌乱，故逢成济之祸[15]。"谓左右："将笔来，朕自作之。"直言："门下：朕以寡德，运属乐推，思与亿兆同兹大庆。肆眚之科，一依恒式。"广陵杜口八载，至是始言，海内士庶，咸称圣君。于是封长广为东海王，世隆加仪同三司、尚书令、乐平王，余官如故。赠太原王相国、晋王，加九锡[16]，立庙于芒岭首阳。上旧有周公庙，世隆欲以太原王功比周公，故立此庙。庙成，为火所灾，有一柱焚之不尽，后三日雷雨震电，霹雳击为数段。柱下石及庙瓦皆碎于山下。

复命百官议太原王配飨[17]。司直刘季明议云不合。世隆问其故。季明曰："若配世宗，于宣武无功；若配孝明，亲害其母；若配庄帝，为臣不终，为庄帝所戮。以此论之，无所配也。"世隆怒曰："卿亦合死。"季明曰："下官既为议臣，依礼而言。不合圣心，俘翦惟命。"议者咸叹季明不避强御,莫不叹伏焉。世隆既有忿言,季明终得无患。

初,世隆北叛,庄帝遣安东将军史仵龙、平北将军杨文义各领兵三千,守太行领,侍中源子恭镇河内。及尔朱兆马首南向,仵龙、文义等率众先降,子恭见仵龙、文义等降,亦望风溃散。兆遂乘胜逐北,直入京师,兵及阙下,矢流王室。至是论功,仵龙、文义各封一千户。广陵王曰:"仵龙、文义,于王有勋,于国无功。"竟不许,时人称帝刚直。彭城王尔朱仲远[18],世隆之兄也,镇滑台,表用其下都督乙瑗[19]为西兖州刺史,先用后表。广陵答曰:"已能近补,何劳远闻!"世隆侍宴,帝每言:"太原王贪天之功以为己力,罪亦合死。"世隆等愕然。自是已后,不敢复入朝。辄专擅国权,凶慝滋甚。坐持台省[20],家总万机。事无大小,先至隆第,然后施行。天子拱己南面,无所干预。

永熙元年,平阳王入篡大业,始造五层塔一所。

平阳王,武穆王少子。

诏中书侍郎魏收[21]等为寺碑文。至三年二月五日,土木毕功,帝率百僚,作万僧会[22]。

其日,寺门外有石像,无故自动,低头复举,竟日乃止。帝躬来礼拜,怪其诡异。中书舍人卢景宣[23]曰:"石立社移[24],上古有此,陛下何怪也?"帝乃还宫。七月中，帝为侍中斛斯椿所使，奔于长安。至十月终，而京师迁邺焉。

注释

① **武穆王怀**：据《元怀墓志》，武穆为其谥号。(《汉魏南北朝墓志汇编》)《魏书》卷二十二有传。

② **在京宫殿空虚**："在"为接头语，《资治通鉴》卷一百五十五即记作"魏自敬宗被囚，官室空之百日"。

③ **长广本枝疏远**：长广王元晔，见卷一永宁寺条。他是安南王桢之孙，景穆帝曾孙，故曰本枝疏远。

④ **广陵王恭**：前废帝，《魏书》卷十一有纪。

⑤ **龙华寺**：广陵王所立，见本书卷三。

⑥ **封陕**：意为同于周公、召公。《春秋公羊传》隐公五年曰："天子三公者何？天子之相也。天子之相则何以三？自陕而东者，周公主之；自陕而西者，召公主之；一相处乎内。"

⑦ **九鼎之命**：神圣的国运。据载："禹收九牧之金，铸九鼎，象九州，皆尝鬺京上帝鬼神。"(《汉书·郊祀志》)

⑧ **七百之祚**：国家的天祚。"成王定鼎于郏鄏，卜世三十，卜年七百，天所命也。"(《左传·宣公三年》)

⑨ **剖心**：殷代忠臣比干的故事。纣为炮烙刑，比干谏，纣杀之，剖其心。(《韩诗外传》)

⑩ **钳齿**：范雎枉遭魏人笞打，以至于拉肋折齿。(《史记·范雎传》)

⑪ **金版告怨**：关龙逢仕夏桀，因谏桀而被杀。事后"金版出地，告龙逢之怨"。(《文选》卷四十任昉《百辟劝进今上笺》及李善注)

⑫ **大鸟感德**：东汉安帝时，杨震枉遭谗毁，被迫自尽。顺帝即位，予以厚葬。葬礼前十余日，"有大鸟高丈余，集震丧前俯仰悲鸣，泪下沾地。葬毕，乃飞去"。(《后汉书》卷八十四)

⑬ **邢子才**：名邵。有文才，与温子昇齐名。《北齐书》卷三十六、《北史》卷四十三有传。

⑭ **永安**：庄帝年号，这里用来指称庄帝。

⑮ **成济之祸**：成济为司马昭党羽，杀害魏高贵乡公曹髦。参见卷一永宁寺条注。

⑯ **九锡**：指赐予车马、衣服、乐器、朱户、纳陛、虎贲、弓矢、斧钺、秬鬯。是对大臣的特殊礼遇。

⑰ **配飨**：以功臣附祭于祖庙。

⑱ **尔朱仲远**：《魏书》卷七十五有传。

⑲ **乙瑗**："乙"字原缺，据周氏《校释》所考而补。

⑳ **坐持台省**：指一手把持国家中枢机构的事务。

㉑ **魏收**：《魏书》的作者。《北齐书》卷三十七、《北史》卷五十六有传。

㉒ **万僧会**：帝王设斋布施众僧，让众僧讲说经论的盛大法会。

㉓ **卢景宣**：名辩。《北史》卷三十有传。

㉔ **石立社移**：石立，指石头移动。据范氏《校注》，典出《北堂书钞》卷一百六十引《春秋后传》："周赧王四年，济东有二石，高三尺有余，相从而行，入海数百步。"社移：意指社树自动移位，据入矢氏《译注》，典出二十卷本《搜神记》卷十一葛祚条。

译文

　　平等寺由广平武穆王怀献宅所建。在青阳门外二里御道之北，就是所谓孝敬里。堂舍宽大华美，林木繁茂荫蔽，有平台、阁道，在当时特别有名。寺门外有金佛像一尊，高二丈八尺，形态肃然端正，常有灵验，国家的凶吉往往在此预先呈现征兆。

　　孝昌三年（公元五二七年）十二月，这尊佛像的面部出现悲哀的表情，两眼垂泪，满身全湿，当时人称之为"佛汗"。京城的士女前往观看，集市、里巷为之一空。有一位比丘用洁净的绵巾擦拭佛泪，只一会儿绵巾

《中国佛学经典宝藏》目录

编号	书名	编号	书名	编号	书名
1	中阿含经	45	维摩诘经	89	法句经
2	长阿含经	46	药师经	90	本生经的起源及其开展
3	增一阿含经	47	佛堂讲话	91	人间巧喻
4	杂阿含经	48	信愿念佛	92	大乘本生心地观经
5	金刚经	49	精进佛七开示录	93	南海寄归内法传
6	般若心经	50	往生有分	94	入唐求法巡礼记
7	大智度论	51	法华经	95	大唐西域记
8	大乘玄论	52	金光明经	96	比丘尼传
9	十二门经	53	天台四教仪	97	弘明集
10	中论	54	金刚錍	98	出三藏记集
11	百论	55	教观纲宗	99	牟子理惑论
12	肇论	56	摩诃止观	100	佛国记
13	辩中边论	57	法华思想	101	宋高僧传
14	空的哲理	58	华严经	102	唐高僧传
15	金刚经讲话	59	圆觉经	103	梁高僧传
16	人天眼目	60	华严五教章	104	异部宗轮论
17	大慧普觉禅师语录	61	华严金师子章	105	广弘明集
18	六祖坛经	62	华严原人论	106	辅教编
19	天童正觉禅师语录	63	华严学	107	释迦牟尼佛传
20	正法眼藏	64	华严经讲话	108	中国佛教名山胜地寺志
21	永嘉证道歌‧信心铭	65	解深密经	109	敕修百丈清规
22	祖堂集	66	楞伽经	110	洛阳伽蓝记
23	神会语录	67	胜鬘经	111	佛教新出碑志集萃
24	指月录	68	十地经论	112	佛教文学对中国小说的影响
25	从容录	69	大乘起信论	113	佛遗教三经
26	禅宗无门关	70	成唯识论	114	大般涅槃经
27	景德传灯录	71	唯识四论	115	地藏本愿经外二部
28	碧岩录	72	佛性论	116	安般守意经
29	缁门警训	73	瑜伽师地论	117	那先比丘经
30	禅林宝训	74	摄大乘论	118	大毗婆沙论
31	禅林象器笺	75	唯识史观及其哲学	119	大乘大义章
32	禅门师资承袭图	76	唯识三颂讲记	120	因明入正理论
33	禅源诸诠集都序	77	大日经	121	宗镜录
34	临济录	78	楞严经	122	法苑珠林
35	来果禅师语录	79	金刚顶经	123	经律异相
36	中国佛学特质在禅	80	大佛顶首楞严经	124	解脱道论
37	星云禅话	81	成实论	125	杂阿毗昙心论
38	禅话与净话	82	俱舍要义	126	弘一大师文集选要
39	释禅波罗蜜次第法门	83	佛说梵网经	127	《沧海文集》选集
40	般舟三昧经	84	四分律	128	《劝发菩提心文》讲话
41	净土三经	85	戒律学纲要	129	佛经概说
42	佛说弥勒上生下生经	86	优婆塞戒经	130	佛教的女性观
43	安乐集	87	六度集经	131	涅槃思想研究
44	万善同归集	88	百喻经	132	佛学与科学论文集

深入经藏,智慧如海。

本套佛学经典适合系统的修习、诵读和佛堂珍藏。

咨询电话:尤冲 010-8592 4661

手机淘宝
扫一扫

1	3	5	111	18	28	53	32	54	63	55	56	44	
中阿含经	增一阿含经	杂阿含经	金	佛教新出土经志集	六祖坛经	碧岩录	天台四教仪	禅门师资承袭图	金刚錍	华严学	教观纲宗	摩诃止观	万善同归集

《中国佛学经典宝藏》

华人佛学界顶级专家团队编撰。大陆首次引进简体中文版
读得懂,买得起,藏得下的"白话精华大藏经"

《中国佛学经典宝藏》白话版系列丛书,共计132册,由星云大师总监修,大陆、台湾百余专家学者通力编撰而成。

丛书依大乘、小乘、禅、净、密等性质编号排序,将古来经律论中之经典著作,依据思想性、启发性、教育性、人间性的原则,做了取其精华、舍其艰涩的系统整理。每种经典都按原文、注释、译文等体例编排,语言力求通俗易懂、言简意赅,让佛学名著真正做到雅俗共赏;还以题解、源流、解说等章节,阐述经典的时代背景、影响价值及在佛教历史和思想演变中的地位角色。丛书还开创性地收录了一些有代表性的现代读本。

星云大师 总监修
"人间佛教"的践行本

专家推荐

星云大师常常说,佛学不是少数人的专利,它应该是每一个人都能够接触的。这套书推动了白话佛学经典的完成。

——依空法师

佛光山长老,文学博士,印度哲学博士

星云大师对编修《中国佛学经典宝藏》非常重视,对经典进行注、译,包括版本源流梳理,这对一般人去看经典、理解经典的思想,是有帮助的。

——赖永海

南京大学教授,旭日佛学研究中心主任

《中国佛学经典宝藏》精选了很多篇目,是能够把佛法的精要,比较全面地给予介绍。

——王志远

中国社会科学院研究生院导师,中国宗教协会副会长

传统大藏经 VS 中国佛学经典宝藏

	传统大藏经		中国佛学经典宝藏
第一回合	**卷帙浩繁** 普通人阅读没头绪、没精力、看不懂。	VS	**精华集萃** 星云大师亲选132种书目提纲挈领,方便读经。
第二回合	**古文艰涩 繁体竖排** 佛经文辞晦涩,多用繁体竖排版:读经门槛高。	VS	**白话精译 简体横排** 经典原文搭配白话精译,既直通经文,又可研习原典。
第三回合	**经义玄奥 难尝法味** 微言大义,法义幽微,没有明师指引难理解。	VS	**专家注解 普利十方** 华人佛学界顶级专家精注精解,一通百通。

就湿透了。更换另外的绵巾，顷刻之间又湿。如此持续做了三天才停止。次年四月果然有尔朱荣攻入洛阳，诛杀百官，尸体遍地。永安二年（公元五二九年）三月，此像又出现佛汗，京城的士民又前往观看。五月，北海王攻入洛阳，庄帝北巡。七月，北海王大败，他所率领的江淮子弟五千人，都被俘虏，没有一个人生还。永安三年（公元五三〇年）七月，此像悲泣如前。因每次都有灵验，朝野上下十分惶恐，所以禁止人们前来观看。到了十二月，尔朱兆攻入洛阳，生擒庄帝。庄帝在晋阳（太原）驾崩。京城宫殿空虚，百日无主，唯有尚书令司州牧乐平王尔朱世隆镇守京城。其时商旅往来畅通，盗贼销声匿迹。

建明二年（公元五三一年），长广王从晋阳赴京城，到达城外时，尔朱世隆因长广王的血缘疏远，政绩不佳，就逼迫他将王位禅让给广陵王恭。恭是庄帝的从兄，正光年间（公元五二〇—五二五年）任黄门侍郎，目睹元义大权在握，政治都归谄媚小人来推行，于是就装哑不语，不参与任何世事。永安年间（公元五二八—五三〇年）逃遁于上洛山中，州刺史泉企将他押送回京城。庄帝怀疑恭诈伪，夜间派人抢夺其衣物，又拔出刀剑要将他杀死。恭张口用手指舌，终于一言未发。庄帝信以为真哑，才放他回府。恭常住在龙华寺。到这时，世隆等废长广王而拥立恭登上帝位。长广王禅让的公文如下："皇帝向广陵王恭申告，自从我大魏统治天下以来，历代贤圣开拓辅翼，基石重重，皇业无边，拥有万邦，君临四海，所以道术胜百王，恩德遍八方。然而孝明皇帝驾崩，缺了人神之主。已故柱国大将军、大丞相、太原王尔朱荣，封地其实在陕，所任只是外相，尽忠于王室，深恐皇业沦落，所以拥立长乐王子攸（庄帝）以使皇业持续不断，但愿九鼎之命日益隆盛，七百之祚天长地久。然而天下不安，世道混乱，人们互相猜疑如狼似鸱，彼此对峙丝毫不让。丞相一下决策，大为镇定海内。可是子攸不顾宗社，忌恨功臣，招集轻薄游侠，亲近谄媚小人。于是暴虐的程度超过剖心，惨痛的程度不亚于折齿。岂止是金版出地告怨，大鸟悲鸣感德！于是天下的期望，顷刻之间已经转移。窃以为帝位不可长久虚设，神器岂能没有主人？因此权且听从众议，暂时统率万民。现在六军向南迈进，已经止宿于河岸。瞻望帝都，脸红心愧。自思德行浅薄，血统疏远，岂宜仰背天情，俯乖民望？只是君王之德在于代表生民，声誉千古以来甚高。过去因天运不佳，时时碰到艰难困苦，因之多年以来郁郁寡言。现在天公眷顾有德者，人民期待主心骨。气数已有显示，民心一致爱戴。于是徐徐启动关键，以符天下的期望。这里就敬献出玺绶，归居于别邸。请王敬继皇业，不偏不倚，即使在开怀之际也不忘乎所以，一天比一天谨慎，请一定敬业！"

恭辞让说："天命至为重大，气数并非轻忽。自己并非德合三才（天、地、人），功济四海，没有资格选入帝王谱录，堪受众人推戴。臣下少德无知，没有先见远虑之明，大命虽临头，不敢仰承。乞求收回旨令，以宽容臣下的愚衷。"

帝又说："王既然德合天意，众望所归，便可以推行中正，荣登皇位，而不必谦逊，使人神不安。"

恭一共辞让了三次。于是即皇帝位，改年号为普泰。黄门侍郎邢子才起草大赦的诏诰，文中叙述了庄帝枉杀太原王的情状。广陵王恭却说："永安（庄帝年号，这里指庄帝）亲手灭掉强臣，这不是失德。只因天意还未达到厌弃暴乱的程度，所以遇到成济之祸。"并对身边的人说："拿笔来，朕自己来作文。"直截了当地写道："敕门下省：朕是寡德之人，遭逢众人推戴的时运，想与万民共同分享这份大喜大庆。大赦的实行方案，全按常例。"广陵王闭口八年，到这时才开始发言，海内士庶都称他是圣君。于是封长广王为东海王，世隆则被加官仪同三司、尚书令、乐平王，其余的官职都照旧。追赠太原王为相国、晋王，加九锡，立庙于芒岭首阳山。山上以往有周公庙，世隆想要将太原王的功劳匹配周公，所以才建立此庙。庙建成后，遭到火灾，有一根柱子焚烧未尽，三天之后在雷雨交加中，被霹雳击成数段。柱下基石以及庙瓦都碎落山下。

又有旨令让百官拟议太原王的配飨。司直刘季明提出配谁都不合适。世隆问原因何在。季明说："如果配世宗，对宣武没有功劳可言；如果配孝明帝，亲手害死过帝母；如果配庄帝，不是一个忠臣，为庄帝所诛。由此而论，无所可配。"世隆愤怒地说："你也该死！"季明说："卑职既为议臣，自然依据礼法而发表意见。如果不合圣心，要抓要杀悉听尊便！"议者都赞叹季明不畏强权，无不叹服。世隆尽管怒言出口，而季明最终没有遇难。

当初，世隆在北方反叛，庄帝派安东将军史仵龙、平北将军杨文义各领兵三千，守卫太行山；侍中源子恭固守河内。及至尔朱兆马首向南，仵龙、文义等率众先降，子恭见仵龙、文义等降，也望风溃撤。于是尔朱兆乘胜追击，直入京城，兵临宫阙，血洗皇族。到这时论功行赏，仵龙、文义各被封一千户。广陵王说："仵龙、文义对于王事有勋，对于国家则无功。"终未许可，当时人称赞帝的刚直。彭城王尔朱仲远，是世隆之兄，镇守滑台，起用其部下都督乙瑗为西兖州刺史时，是先起用后奏请。广陵王答道:"已能就近任命,何必劳神远告!"世隆侍宴时,帝常常说:"太原王把天之功也认作自己的力量,如此贪心,罪也该死。"世隆等人很吃惊。自此以后,不敢再朝见皇帝。然而动辄国权独揽,为非作歹更加厉害。把守着台省的要职,私邸成了国政千头万绪的汇总之处。事情不论大小,首先到世隆的私邸,然后才发令施行。天子大权旁落,唯拱手其位,不能有所干预。

永熙元年(公元五三二年)平阳王继承帝业时,开始建起一座五层的塔。

平阳王是武穆王最小的儿子。

诏中书侍郎魏收等人撰写寺的碑文。到了永熙三年(公元五三四年)二月五日,土木工程完毕,帝率领百官,举行万僧会。

这一天,寺门外有一尊石佛像,无故自动,头低下去又向上抬,白天将结束时才停止。帝亲自来礼拜,对这一神怪现象感到不可解。中书舍人卢景宣说:"石站立而社转移,这样的事上古就有,陛下何必奇怪呢?"帝于是才回宫。七月中,帝为侍中斛斯椿所迫,逃亡到长安。到十月底,发生了迁都于邺的事变。

景宁寺

原典

景宁寺，太保司徒公杨椿①所立也。在青阳门外三里御道南，所谓景宁里也。

高祖迁都洛邑，椿创居此里，遂分宅为寺，因以名之。制饰甚美，绮柱朱帘。椿弟慎②，冀州刺史；慎弟津③，司空，并立性宽雅，贵义轻财，四世同居，一门三从④。朝贵义居，未之有也。普泰中为尔朱世隆所诛，后舍宅为建中寺。

出青阳门外三里，御道北有孝义里。里西北角有苏秦冢，冢傍有宝明寺。

众僧常见秦出入此冢，车马羽仪，若今宰相也。

孝义里东，即是洛阳小市。北有车骑将军张景仁⑤宅。

景仁，会稽山阴人也。正光年初从萧宝夤⑥归化，拜羽林监，赐宅城南归正里，民间号为吴人坊，南来投化者多居其内。近伊、洛二水，任其习御。里三千余家，自立巷市，所卖口味，多是水族，时人谓为鱼鳖市也。景仁住此以为耻，遂徙居孝义里焉。

时朝廷方欲招怀荒服，待吴儿甚厚，褰裳渡于江者，皆居不次之位。景仁无汗马之劳，高官通显。永安二年，萧衍遣主书陈庆之⑦，送北海入洛阳僭帝位。庆之为侍中。景仁在南之日，与庆之有旧，遂设酒引邀庆之过宅。司农卿萧彪、尚书右丞张嵩并在其座，亦是南人。唯有中大夫杨元慎、给事中大夫王眴是中原士族。庆之因醉谓萧、张等曰："魏朝甚盛，犹曰五胡⑧，正朔相承，当在江左。秦朝玉玺⑨，今在梁朝。"元慎正色曰："江左假息，僻居一隅，地多湿蛰，攒育虫蚁，疆土瘴疠，蛙龟共穴，人鸟同群。短发之君，无杼首之貌；文身之民，禀蕞陋之质。浮于三江，棹于五湖，礼乐所不沾，宪章弗能革。虽复秦余汉罪⑩，杂以华音，复闽楚难言，不可改变。虽立君臣，上慢下暴。是以刘劭杀父⑪于前，休龙淫母⑫于后，见逆人伦，禽兽不异。加以山阴请婿卖夫⑬，朋淫于家，不顾议笑。卿沐其遗风，未沾礼化，所谓阳翟⑭之民不知瘿之为丑。我魏膺箓受图，定鼎嵩洛，五山为镇，四海为家。移风易俗之典，与五帝而并迹；礼乐宪章之盛，凌百王而独高。岂卿鱼鳖之徒，慕义来朝，饮我池水，啄我稻粱，何为不逊，以至于此？"庆之等见元慎清词雅句，纵横奔发，杜口流汗，合声不言。

于后数日，庆之遇病，心上急痛，访人解治。元慎自云能解，庆之遂凭元慎。元慎即口含水潠⑮庆之曰："吴人之鬼，住居建康；小作冠帽，短制衣裳；自呼阿侬，语则阿傍。菰稗为饭，茗饮作浆；呷啜莼羹，唼嗍蟹黄；手把豆蔻，口嚼槟榔；乍至中土，思忆本乡。急手速去，还尔丹阳。若其寒门之鬼，头[16]犹修；网鱼漉鳖，在河之洲；咀嚼菱藕，捃拾鸡头；蛙羹蚌臛，以为膳羞；布袍芒履，倒骑水牛。沅湘江汉，鼓棹遨游；随波溯浪，噞喁沉浮；白纻起舞[17]，扬波发讴。急手速去，还尔扬州。"庆之伏枕曰："杨君见辱深矣。"自此后，吴儿更不敢解语。北海寻伏诛，其庆之还奔萧衍，用为司州刺史。钦重北人，特异于常。朱异[18]怪复问之，曰："自晋宋以来，号洛阳为荒土，此中谓长江以北尽是夷狄。昨至洛阳，始知衣冠士族并在中原，礼仪富盛，人物殷阜，目所不识，口不能传。所谓帝京翼翼，四方之则[19]，如登泰山者卑培，涉江海者小湘沅，北人安可不重？"庆之因此羽仪服式悉如魏法，江表士庶竞相模楷，褒衣博带，被及秣陵。

　　元慎，弘农人，晋冀州刺史峤六世孙。曾祖泰，从宋武入关，为上洛太守。七年，背伪来朝，明元帝赐爵临晋侯，广武郡、陈郡太守，赠凉州刺史，谥烈侯。祖抚，明经，为中博士。父辞，自得丘壑，不事王侯。叔父许，河南令、蜀郡太守。世以学行著闻，名高州里。元慎清尚卓逸，少有高操，任心自放，不为时羁。乐山爱水，好游林泽。博识文渊，清言入神。造次应对，莫有称者。读老庄，善言玄理。性嗜酒，饮至一石，神不乱，常慷慨叹不得与阮籍同时生。不愿仕宦，为中散，常辞疾退闲，未尝修敬诸贵，亦不庆吊亲知，贵为交友，故时人弗识也。或有人慕其高义，投刺在门，元慎称疾高卧。加以意思深长，善于解梦。孝昌二年，广阳王元渊初除仪同三司，总众十万，北讨葛荣，夜梦着衮衣，倚槐树而立，以为吉征。问于元慎，元慎曰："三公之祥。"渊甚悦之。元慎退还，告人曰："广阳死矣。槐字是木傍鬼，死后当得三公。"广阳果为葛荣所杀，追赠司徒公。终如其言。建义初，阳城太守薛令伯闻太原王诛百官，立庄帝，弃郡东走，忽梦射得雁，以问元慎。元慎曰："卿执羔，大夫执雁。[20]君当得大夫之职。"俄然令伯除为谏议大夫。京兆许超梦盗羊入狱，问于元慎。曰："君当得城阳令。"其后有功，封城阳侯。元慎解梦，义出万途，随意会情，皆有神验。虽令与侯小乖，按令今百里，即是古诸侯，以此论之，亦为妙着。时人譬之周宣[21]。及尔朱兆入洛阳，即弃官，与华阴隐士王腾周游上洛山。

孝义里东市北殖货里。里有太常民刘、胡兄弟四人，以屠为业。永安年中，胡杀猪，猪忽唱乞命，声及四邻。邻人谓胡兄弟相殴斗而来观之，乃猪也。即舍宅为归觉寺，合家人入道焉，普泰元年，此寺金像生毛，眉发悉皆具足。尚书左丞魏季景[22]谓人曰："张天锡[23]有此事，其国遂灭。此亦不祥之征。"至明年而广陵被废死。

注释

① **杨椿**：（公元四五五—五三一年）《魏书》卷五十八有传。

② **椿弟慎**：（公元四六七—五三一年）同上。

③ **慎弟津**：（公元四六九—五三一年）同上。

④ **三从**：指从祖祖父、从祖父、从父。《魏书》本传载其"一家之内，男女百口，缌服同爨，庭无闲言"。

⑤ **张景仁**：他书未见记载。

⑥ **萧宝夤**：（公元四八六—五三〇年）南齐东昏侯之弟。《魏书》卷五十九、《南齐书》卷五十有传。卷三龙华寺条记其归顺北魏，事在景明初年，与此处所记为正光初年不合，应以作景明初年为准。

⑦ **陈庆之**：《梁书》卷三十二有传。

⑧ **五胡**：指匈奴、羯、鲜卑、氐、羌五个种族。

⑨ **秦朝玉玺**：所谓国玺。相传秦始皇的玉玺上书有"受命于天，既寿永昌"八字，其传承的曲折过程详

见《南村辍耕录》卷二十六载元杨桓《传国玺考》。

⑩ **秦余汉罪**：这里指江南居民为秦汉时代遭流放者的子孙。

⑪ **刘劭杀父**：刘劭为宋文帝之子，曾立为太子，后欲废之，劭即弑父。(《南史》卷十四《元凶劭传》)

⑫ **休龙淫母**：休龙为宋孝武帝刘骏之字，即位后，与其母路太后淫乱，事见《南史》卷十一《后妃列传》。

⑬ **山阴请婿卖夫**：山阴公主为宋孝武帝女，废帝姐。请求废帝为她"置面首左右三十人"。(《宋书》卷七《前废帝纪》)

⑭ **阳翟**：今河南省禹县。因地理环境多山等，居民不免颈部淋巴腺肿大如瘤，看似与生俱来，故不知其为丑。

⑮ **潩**：原作"噗"，据管雄氏《如隐堂本洛阳伽蓝记校记》改。《说文》曰："潩，含水喷也。"

⑯ **甶头**："甶"字原缺，据管雄氏《校记》补。《说文》曰："甶，鬼头也，象形。"

⑰ **白纻起舞**：《乐府诗集》卷五十五有《晋白纻舞歌》。白纻为白色葛布，是吴人的普通衣料。

⑱ **朱异**：《梁书》卷三十八有传。

⑲ **帝京翼翼，四方之则**：本于《诗经·商颂·殷武》"商邑翼翼，四方之极"句。

⑳ **卿执羔，大夫执雁**：这种礼仪见《周礼·春官·大宗伯》。

㉑ **周宣**：三国魏人，《三国志·魏志》卷二十九有传。《隋书·经籍志》著录其《占梦书》一卷。

㉒ **魏季景**：《北史》卷五十六有传，据此知其为魏收同族。

㉓ **张天锡**：前凉第八代王，事迹见《晋书》卷八十六。

译文

景宁寺，由太保司徒公杨椿所建。位于青阳门外三里御道之南，即叫作景宁里的处所。

高祖将首都迁到洛邑时，杨椿首先在这个里建宅居住，于是就分出一部分宅邸做寺院，因而用景宁命名它。建筑装饰非常华美，尽是彩柱珠帘。椿的弟弟慎，任冀州刺史；慎的弟弟津，任司空；都秉性宽厚文雅，以道义为贵，而以财富为轻，四世同堂，三从相亲。家族以礼义同堂共处，这在朝廷的达官贵臣中再也没有。普泰之年，全家被尔朱世隆所杀害，后来宅邸献出，做了建中寺。

出青阳门外三里，御道之北有孝义里。西北角有苏秦冢，冢旁有宝明寺。

众僧常常看到苏秦从此冢进进出出，车马扈从之盛，就如同当今的宰相。

孝义里的东边，就是洛阳小市。北边有车骑将军张景仁的宅邸。

景仁，是会稽山阴人。正光年初跟随萧宝夤归来投诚，被任命为羽林监，在城南归正里赐给住宅。民间称为"吴人坊"，从江南来投诚的人大多居住于其中。靠近伊水、洛水，任由南方来的人操练水性。里内住着三千多家，自己设有街巷市场，所卖的食物，大多是水产品，当时人称此里的市场为"鱼鳖市"。景仁住在此里感到羞耻，于是就迁居到孝义里。

当时朝廷正要招抚偏远地方的人民，因而对江南人给予很优厚的待遇，凡是渡江而来的人，都安置在不差的官位上。景仁没有立下什么汗马功劳，却官运亨通。永安二年（公元五二九年），萧衍派主书陈庆之，护送北海王元颢攻入洛阳，篡夺了帝位。陈庆之做了侍中。张景仁在江南的时候，与陈庆之有交情，于是就在家中设酒席相款待。司农卿萧彪、尚书右丞张嵩同时在座，也是江南人。只有中大夫杨元慎、给事中大夫王晌是中原士族。庆之借着醉意对萧、张等人说："魏朝很强盛，不过毕竟还属于五胡，而正统的王朝，应当在江左。秦朝传下来的玉玺，现在正由梁朝掌管。"杨元慎一脸严肃地说："江左朝廷苟且偷安，偏处一个角落，地势低湿，虫蚁聚生，境内瘴疠之气弥漫，人们与蛙类共同穴居，与鸟类为伍同群。短发的国君，没有丰满端正的面相；文身的百姓，生来就带着卑下的本性。过着浮游三江、舟行五湖的生活，一点也受不到礼乐教化的熏陶，宪章法规也无法加以变革。虽然是秦汉时代流放到南方的罪人，还夹杂着中原的语音，但已染上闽、楚的土音蛮调，不可能有所改变。虽然建立了君臣制度，但在上的傲慢，在下的强暴。所以前有刘劭杀父，后有刘骏与母奸淫，违反人伦，行同禽兽。还有山阴公主要求设置面首，在家群居乱淫，而毫不顾忌人们的讥讽嘲笑。你沐浴在这种余风之下，而没有受到礼教的熏陶，就像阳翟人不知道长瘤为丑。我魏顺应天意，建国于嵩山洛水之地，以五山作镇守，以四海为家园。移风易俗的典范，可与五帝匹敌；礼乐宪章的隆盛，超越历代君王。不料你这个水乡之辈，慕义而来，喝我们的池水，啄我们的米粮，为什么竟会无礼到这个地步？"陈庆之等人见杨元慎言辞清雅，气势浩壮，都闭口流汗，再也没说出一句话。

　　过了几天以后，陈庆之得病，心口剧痛，找人医治。杨元慎自己说能消解病痛，陈庆之于是听从杨元慎的处置。杨元慎就口中含水喷向陈庆之说:"吴人的鬼魂,住在建康;戴着小小的帽子,穿着短短的衣裳;称自己为'阿侬',说话总带着'阿'字。以菰稗作饭,以茶水解渴;有滋有味地喝莼汤,喷喷作响地吃蟹黄;手里拿着豆蔻,嘴里嚼着槟榔;初来中原,又思念故乡。请快快离开,回你那个丹阳!若是贫贱人家的亡灵,鬼头还长;在河中间的小洲上,捕鱼捉鳖;嚼着菱藕,拾起鸡头;把青蛙和河蚌做的羹汤,当成美味;穿着布袍和草鞋,反骑着水牛。在沅湘江汉中,荡起船桨遨游;时而顺水,时而逆流;时而浮上浪峰,时而沉下波谷;披着白葛巾翩翩起舞,和着波涛声唱出歌谣。请快快离开,回你那个扬州!"陈庆之伏在枕头上说:"杨先生嘲辱得太重了。"从此以后,江南人再也不敢请人消除病痛了。不久,北海王元颢被处决,这个陈庆之逃归萧衍手下,萧衍任用他为司州刺史。他敬重北方人,表现得非同寻常。朱异感到疑惑不解,庆之答道:"自晋宋以来,把洛阳说成是一片荒土,这里还说长江以北尽是夷狄野人。可是前不久到达洛阳后,才知道衣冠堂堂的士族都在中原,礼仪发达,人多物丰,是从来没有看到过的,无法用语言加以描述。那真是所谓'帝王的都城庄严方正,是四方的准则',就好比登上泰山的人看不起小土丘,渡越江海的人要小瞧湘水沅水,怎么可以不看重北方人？"陈庆之从此使用的仪仗、服装全部依照魏朝的法式，江南的士族庶民竞相模仿，宽衣大带的服饰风行于秣陵。

杨元慎，弘农人，晋冀州刺史杨峤的六世孙。曾祖杨泰，跟从宋武帝进入关内，任上洛太守。七年（公元四二二年），背弃南方伪政权来投诚，明元帝赐给他临晋侯的爵位和广武郡、陈郡太守的官职，赠凉州刺史，谥烈侯。祖父杨抚，明经科出身，任中博士。父亲杨辞，在山林中自得其乐，而不为王侯出仕。叔父杨许，任河南令、蜀郡太守。这个家族代代以学问品行著称，在地方上声誉很高。元慎品格清峻高迈，少年时期就具有高远的情操，追求精神自由，不为时事所拘束。乐山爱水，喜欢在林间泽畔游赏。学识渊博，谈吐清妙入神。随机答问的本领，无人可比。读老、庄，善于发挥玄奥的哲理。天性嗜酒，喝下一斗以后，神智也不乱，常慨叹没能与阮籍生于同时。不愿出仕做官，虽任中散，常常托病休闲，从未向达官贵人献殷勤，也不参加亲朋好友的庆吊活动以显示郑重地交友，所以，当时人几乎不知道他。若是有人仰慕他的高义，名刺已经投到家门口，杨元慎便称病高卧，不予会见。他另外还能思虑幽远不测之事，善于解梦。孝昌二年（公元五二六年），广阳王元渊刚刚当上仪同三司，总领十万兵力，北伐葛荣，夜里梦见自己穿着衮衣，倚槐树而站立。还自认为这是吉祥的征兆。他问元慎，元慎应付他说："是三公的好兆头。"元渊特别开心。元慎退出后，告诉人说："广阳王将死。'槐'字是木旁的鬼，死后会得三公的名誉。"广阳王果然被葛荣所杀，死后追赠司徒公。结局正如他的预言。建义初年（公元五二八年），阳城太守薛令伯听说太原王诛杀百官，拥立庄帝，他离开职守向东逃走，忽然梦见射落雁，就请教元慎。元慎说："卿执羔，大夫执雁。你自会获取大夫之职。"没过多久，薛令伯被任命为谏议大夫。京兆许超梦见盗羊入狱，询问元慎。元慎说："你定会当城阳令。"此后，许超立了功绩，被封为城阳侯。元慎对梦的解释，思路千变万化，各随意思巧合情理，都有灵验。虽然令与侯不符，可是令在当今是方圆百里之官，也就相当于古代的诸侯，这样看来，也真是妙解。他被当时人比作周宣。等尔朱兆攻入洛阳时，他就弃官，与华阴隐士王腾一起周游上洛山。

孝义里东洛阳小市的北边，是殖货里。里内有太常寺的官奴刘、胡兄弟四人，以屠宰为业。永安年间，胡氏杀猪，猪突然喊救命，声音惊动四邻。邻人以为是胡氏兄弟相殴斗而来围观，却见是猪。胡氏随即让出住宅做了归觉寺，全家人都皈依佛教当了信徒。普泰元年

（公元五三一年），此寺的金佛像长出毛发，眉毛头发兼备。尚书左丞魏季景对人说："张天锡曾遭遇过这样的事，他的国家就归于灭亡。这也是不祥的征兆。"到了次年，广陵王（节闵帝）就被废杀。

4　卷三城南

景明寺

原典

景明寺，宣武皇帝所立也。

景明年中立，因以为名。

在宣阳门外一里御道东。其寺东西南北方五百步，前望嵩山、少室[①]，却负帝城，青林垂影，绿水为文，形胜之地，爽垲独美。山悬堂观光盛，一千余间。复殿重房，交疏对霤；青台紫阁，浮道相通。虽外有四时，而内无寒暑。房檐之外，皆是山池。竹松兰芷，垂列阶墀，含风团露，流香吐馥。

至正光年中，太后始造七层浮图一所，去地百仞。

是以邢子才碑文云"俯闻激电，旁属奔星"，是也。

妆饰华丽，侔于永宁。金盘宝铎，焕烂霞表。

寺有三池，萑蒲菱藕，水物生焉。或黄甲紫鳞，出没于繁藻；或青凫白雁，浮沉于绿水。硙硙舂簸，皆用水功。伽蓝之妙，最为称首。

时世好崇福，四月七日，京师诸像皆来此寺②，尚书祠部曹录像凡有一千余躯。至八日，以次入宣阳门，向阊阖宫前受皇帝散花。于时金花映日，宝盖浮云；幡幢若林，香烟似雾；梵乐法音，聒动天地。百戏腾骧，所在骈比。名僧德众，负锡为群，信徒法侣，持花成薮。车骑填咽，繁衍相倾。时有西域胡沙门见此，唱言佛国。

至永熙年中，始诏国子祭酒邢子才为寺碑文。

子才，河间人也。志性通敏，风情雅润。下帷覃思，温故知新。文宗学府，磓班、马而孤上；英规胜范，凌许、郭③而独高。是以衣冠之士，辐辏其门，怀道之宾，去来满室。升其堂者，若登孔氏之门④；沾其赏者，犹听东吴之句⑤。籍甚当时，声驰遐迩。正光末，解褐为世宗挽郎、奉朝请。寻进中书侍郎、黄门侍郎。子才洽闻博见，无所不通，军国制度，罔不访及。自王室不靖，虎门业废。后迁国子祭酒，谟训上庠。子才罚惰赏勤，专心劝诱，青领之生，竞怀雅术。洙泗之风⑥，兹焉复盛。永熙年末，以母老辞，帝不许之。子才恪请，辞情恳至，涕泪俱下，帝乃许之。诏以光禄大夫归养私庭，所在之处，给事力五人，岁一入朝，以备顾问。王侯祖道，若汉朝之送二疏⑦。暨皇居徙邺，民讼殷繁，前革后沿，自相与夺，法吏疑狱，簿领成山，乃敕子才与散骑常侍温子昇撰《麟趾新制》⑧十五篇。省府以之决疑，州郡用为治本。武定中，除骠骑大将军、西兖州刺史。为政清静，吏民安之。后征为中书令。时戎马在郊，朝廷多事，国礼朝仪，咸自子才出。所制诗、赋、诏、策、章、表、碑、颂、赞、记五百篇，皆传于世。邻国钦其模楷，朝野以为美谈也。

注释

① **嵩山、少室**：嵩山为五岳之一，少室为嵩山的西峰。

② **四月七日，京师诸像皆来此寺**：所谓行像，参见卷一明尼寺条。

③ **班、马、许、郭**：以撰著历史书并称的班固、司马迁，同为清议代表人物的许劭、郭泰。后两人见卷二秦太上君寺条。

④ **登孔氏之门**：孔子弟子有升堂、入室之分。（见《论语·先进篇》）这里泛指成为孔子亲自接引的学生。

⑤ **听东吴之句**：据周一良《洛阳伽蓝记的几条补

注》所考，所听者为《列子·力命篇》所谓东门吴的名言。(《文献》公元一九八三年第三辑)

⑥洙泗之风：指孔子礼乐之教。洙、泗为鲁国二水名，孔子曾讲学于洙、泗之间。

⑦二疏：汉代贤臣疏广、疏受。二疏功成身退、辞职归乡时，"公卿大夫故人邑子为设祖道，供帐东都门外，送车数百两，辞决而去"。(《汉书·疏广传》)

⑧《麟趾新制》：因《新制》议定于宫内麟趾阁，所以如此取名。据《魏书》卷十二，《新制》制定于孝静帝兴和三年（公元五四一年），同年十月发布。

译文

景明寺，由宣武皇帝所建。

因为是建于景明年间（公元五〇〇—五〇三年），所以如此取名。

位于宣阳门外一里，御道之东。这座寺院东西南北五百步见方，正面对望嵩山、少室山，背负帝国的都城，青葱的树林垂下倒影，碧绿的流水荡起涟漪，实为形胜之地，干燥宜人无比。倚山借势构筑的堂观十分壮丽，共达一千多间。佛殿重重，僧房套叠，绮窗交错，承檐相对。青台紫阁之间，由空中回廊相连通。外面虽有四季的迁转，而此中却不知寒暑的变化。房檐之外，都是山林池沼。松竹兰芷，垂列于阶墀，含风聚露，清香四溢。

到了正光年间（公元五二〇—五二五年），灵太后才开始建造了一座七层佛塔，离地百仞。

因此，邢子才撰写的碑文中有"俯闻激电，旁属奔星"之语，所写就是此塔。

其装饰的华丽，与永宁寺不相上下。塔上金盘和宝铎的光芒，在云霞之上闪耀。

寺内有三处水池，长着苇、蒲、菱、藕等水生植物。时而有黄壳鳖、紫鳞鱼出没于水草之间；时而有青色的野鸭、白色的大雁沉浮于碧水上下。磨面舂米，都用水力推动。佛寺建筑的精巧，要数景明寺为第一。

当时社会上盛行敬佛求福，四月七日这一天，京城所有的佛像都会合于此寺，据尚书祠部曹的记录，共有一千多尊。到了八日这一天，这些佛像依次进入宣阳门，往阊阖门前接受皇帝散花。一时之间，金色的花雨辉映阳光，玉饰的伞盖浮于云端；旗帜如林，香烟似雾；赞佛的乐声，惊动天地。各种杂技表演，欢腾之极，观众连成一片。大德高僧们手持锡杖而结队；善男信女和一般僧尼捧着花束而成群。车水马龙，挤满道路，互相倾轧。当时有西域来的僧人看到这种情形，赞叹说不异于佛国。

到了永熙年间（公元五三二—五三四年），才开始下令国子祭酒邢子才撰写寺的碑文。

邢子才，是河间人。心性通达敏锐，情怀温文而雅。闭门深思，温故知新。他的文章学问的宏富，胜过司马迁、班固；他的人格风范的高迈，超过许邵、郭泰。所以，士大夫们聚集于他的门下，有志向的宾客来来往往，常是高朋满座。进入他家堂屋的人，感到就好像做了孔子的得意弟子；承蒙他赞赏的人，感到就如同听到东吴的名句。他在当时名气非常大，远近闻名。正光末年（公元五二四年），出任世宗挽郎、奉朝请。接着晋升中书侍郎、黄门侍郎。子才见闻广博，无所不通，对国家的军事、政治制度，无不备悉。自从朝廷动荡不安，国子学就荒废了。后来子才出任国子祭酒，从事优等教育。他对学生罚惰赏勤，一心劝导他们向学。这样，国子学生争相吸收正确的本领。孔门礼乐教化的遗风，在这里得到复兴。永熙末年（公元五三四年），因其母高龄，请求辞职，孝武帝不同意。子才不放弃请求，话语恳切，声泪俱下，皇帝这才批准，下诏让其带着光禄大夫的职衔回家养亲，在他所居住之处，派给他五位帮手效力，每年只需入朝一次，以备皇帝的下问。王侯贵族为他饯行，盛大的场面与汉代送别疏广父子相似。首都迁邺以后，民事诉讼频繁，而法律条令先变革后复原，自相抵触，因而法官无法断案，案卷堆积如山，于是请子才与温子昇制订《麟趾新制》十五篇。中央各部门以它为准则解决疑难，地方政府将它用作行政的指导。武定年间（公元五四三—五五〇年），他被任命为骠骑大将军、西兖州刺史。他为政清静少烦扰，官民都感到安乐。后来又被起用为中书令。那时国家面临战乱，朝政多遭变故，国家的礼仪都出自子才之手。他所创作的诗、赋、诏、策、章、表、碑、颂、赞、记各体文五百篇，全部流传于世，被邻国人尊为楷模，被本国人视作荣耀。

大统寺

原典

大统寺，在景明寺西，即所谓利民里。寺南有三公令史高显略宅。

每于夜见赤光行于堂前，如此者非一。向光明所掘地丈余，得黄金百斤，铭云："苏秦家金，得者为吾造功德。"显略遂造招福寺。人谓此地是苏秦旧宅①。当时元义秉政，闻其得金，就略索之，以二十斤与之。

衒之按：苏秦时未有佛法，功德者不必是寺，应是碑、铭之类，颂其声迹也。

注释

① **苏秦旧宅**：苏秦为东周人，洛阳民间多有关于他的传说。本书卷二景宁寺条记苏秦冢事，可参见。

译文

大统寺，位置在景明寺西，就是所谓的利民里。寺的南边有三公令史高显略的宅邸。

夜间常可见堂前有红光出现，不止一次。从闪光的场所朝地下挖掘一丈多深，得到黄金上百斤。刻的铭文说："苏秦家的黄金，得到它的人请为我做功德。"显略于是建造了招福寺。人们纷纷说苏秦的原宅就是在这里。当时元义掌权，听说挖到黄金，便对显略索取，结果给了二十斤。

衒之按：苏秦的时代佛法还没有传来，所谓"功德"，不必指寺，应当是指碑、铭之类的东西，歌颂自己的功绩。

秦太上公寺

原典

东有秦太上公二寺①,在景明寺南一里。西寺,太后所立;东寺,皇姨②所建。并为父追福,因以名之,时人号为双女寺。并门邻洛水,林木扶疎,布叶垂阴。各有五层浮图一所,高五十丈,素彩布画,工比于景明。至于六斋,常有中黄门一人监护,僧舍衬施供具,诸寺莫及焉。

寺东有灵台③一所,基址虽颓,犹高五丈余,即是汉光武所立者。灵台东有辟雍④,是魏武所立者。至我正光中,造明堂于辟雍之西南,上圆下方,八窗四闼。汝南王复造砖浮图于灵台之上。

孝昌初,妖贼四侵,州郡失据,朝廷设募征格于堂之北,从戎者拜旷野将军⑤、偏将军、裨将军。当时甲胄之士,号明堂队。时有虎贲骆子渊者,自云洛阳人。昔孝昌年戍在彭城,其同营人樊元宝得假还京师,子渊附书一封,令达其家。云:"宅在灵台南,近洛河。卿但至彼,家人自出相看。"元宝如其言,至灵台南,了无人家可问。徙倚欲去,忽见一老翁来问:"从何而来,彷徨于此?"元宝具向道之。老翁云:"是吾儿也。"取书引元宝入,遂见馆阁崇宽,屋宇佳丽。既坐,命婢取酒。须臾,见婢抱一死小儿而过,元宝初甚怪之,俄而酒至,色甚红,香美异常。兼设珍羞,海陆具备。饮讫,辞还,老翁送元宝出,云:"后会难期,以为凄恨!"别甚殷勤。老翁还入,元宝不复见其门巷,但见高岸对水,渌波东倾,唯见一童子,可年十五,新溺死,鼻中出血,方知所饮酒,是其血也。及还彭城,子渊已失矣。元宝与子渊同戍三年,不知是洛水之神也。

注释

① **秦太上公二寺**:指秦太上公东、西二寺。立寺原委参见卷二秦太上君寺条注。

② **皇姨**:孝明帝的姨母。灵太后为其姐,元乂为其夫。

③ **灵台**:为天子望云气占吉凶之处。在洛阳南,离城三里。(《文选》卷十六潘岳《闲居赋》李善注引陆机《洛阳记》)

④ **辟雍**:周王朝为贵族子弟所设的大学,后世沿用其名。

⑤ **募征格、旷野将军**:募征格,亦称募格,为收复叛逃人员回归军队的法令。旷野将军:《魏书·官氏志》列为九品武官。

译文

东边有秦太上公（东西）两座寺院，位于景明寺南一里处。西寺由灵太后所建，东寺由灵太后的妹妹所建。都是为了替父亲积阴德，所以用他的封号作寺名。当时人叫它为双女寺。两寺大门并列，靠近洛水。林木枝叶扶疏，如伞遮阳。各有一座五层佛塔，高达五十丈，雕饰的精美可与景明寺相比。而六斋的时候，常派中黄门一人护送皇家的供品，其豪华的程度是其他各寺所比不上的。

寺东有灵台，底部虽已塌坏，还有五丈多高，这是汉光武帝所建筑的。灵台的东侧有辟雍，是魏武帝所建。到了我朝正光年间（公元五二〇—五二五年），在辟雍的西南侧建明堂，上圆下方，四门八窗。汝南王又在灵台之上建造了砖塔。

孝昌初年（约公元五二五年），四处受到奸贼的侵害，州郡纷纷失陷，朝廷在明堂的北面设立募征格，对从军的人，授予旷野将军、偏将军、裨将军等官职。当时从军的士兵号称明堂队。当时有一位勇猛的士兵名叫骆子渊的，自称是洛阳人。孝昌年间，曾经守卫在彭城，他同军营的战友樊元宝休假返回京城的时候，子渊写了封信，托他带到家中。并且说："我家在灵台之南，靠近洛水。你只要到了那里，我家人就会出来相见。"元宝根据他的说法来到灵台的南面，完全看不到什么人家。他站在那儿正准备离开，忽然看到一个白发老翁走来，问他："来自何方，为何在此徘徊？"元宝便一一相告。老翁说："这是我的儿子呀！"于是拿了信带元宝到家，就看到宏伟宽敞的馆室楼阁，房屋建筑华丽美观。落座以后，老翁指使婢女拿酒。不久就看到婢女抱了一个死小儿走过，元宝感到非常奇怪。一会儿酒送了上来，颜色很红，其味香美无比。又有丰盛佳肴，包括山珍海味。饭后告辞而归，老翁送元宝到门外说："恐怕难以再会，令人感到伤心遗憾。"别情很是依依不舍。老翁走进家门，元宝回头，再也不见先前的楼馆，只有高高的河岸对着河水，绿色的波浪滚滚东流。唯独看到一个十五岁上下的小男孩，刚刚被淹死，鼻子中还流着血，他这才恍然大悟，先前喝的酒正是这孩子的血。等他回到彭城，子渊已经不见了。元宝与子渊一同服役三年，却不知道他是洛水之神。

报德寺

原典

报德寺，高祖孝文皇帝所立也。

为冯太后①追福。

在开阳门外三里。

开阳门御道东，有汉国子学堂。堂前有三种字石经②二十五碑，表里刻之，写《春秋》《尚书》二部，作篆、科斗、隶三种字，汉右中郎将蔡邕笔之遗迹③也。犹有十八碑，余皆残毁。

复有石碑四十八枚，亦表里隶书，写《周易》《尚书》《公羊》《礼记》四部④。又赞学碑一所，并在堂前。魏文帝作《典论》六碑，至太和十七年犹有四碑。高祖题为劝学里。武定四年，大将军⑤迁石经于邺。里有大觉、三宝、宁远三寺。

周回有园，珍果出焉，有大谷梨、承光之柰⑥。承光寺亦多果木，柰味甚美，冠于京师。

注释

① 冯太后：文成帝皇后，为孝文帝祖母，《魏书》

卷十三有传。

② **三种字石经**：《三体石经》，立于魏正始年间（公元二四〇—二四九年），又称《正始石经》。科斗是一种古代文字。

③ **蔡邕笔之遗迹**：蔡邕留下遗迹者为《熹平石经》，而非此《正始三体石经》。此处为作者误记。

④ **四部**：《熹平石经》。

⑤ **大将军**：高澄。《北齐书·文宣帝纪》中载迁石经事。

⑥ **大谷梨、承光之柰**：大谷为地名，在洛阳城南五十里，所产梨早有名，潘岳《闲居赋》已提到"张公、大谷之梨"。柰属苹果，关于承光寺别无记载。

译文

报德寺，由高祖孝文皇帝所建。

这是为了替冯太后积阴德。

位于开阳门外三里。

开阳门御道之东有汉代的国子学堂。堂前有三种字体的石经二十五块碑，表面和背面都刻了字，刻的是《春秋》《尚书》两部书，用了篆书、科斗、隶书三种字体。是汉代右中郎将蔡邕的笔迹。尚存十八块碑，其余的都已毁坏。

另外还有石碑四十八块，表背均用隶书，刻写《周易》《尚书》《公羊传》《礼记》四部书。又有一座赞学碑，都在堂前。魏文帝所作《典论》的六块石碑，至太和十七年（公元四九三年）尚存四块。高祖将此处题名为劝学里。武定四年（公元五四六年），大将军将石经搬迁到邺。里内有大觉、三宝、宁远三寺。

周围是果园，出产珍奇水果，有大谷梨、承光柰。承光寺内也是果树如林，柰的口味特别好，在京城居第一位。

正觉寺

原典

劝学里东有延贤里，里内有正觉寺，尚书令王肃①所立也。

肃字恭懿，琅琊人也，伪齐雍州刺史奂②之子也。赡学多通，才辞美茂，为齐秘书丞，太和十八年背逆归顺。时高祖新营洛邑，多所造制，肃博识旧事，大有裨益，高祖甚重之，常呼王生。延贤之名，因肃立之。

肃在江南之日，聘谢氏女③为妻，及至京师，复尚公主④。谢作五言诗以赠之,其诗曰:"本为箔上蚕,今作机上丝。得路逐胜去⑤,颇忆缠绵时。"公主代肃答谢云:"针是贯线物,目中恒任丝⑥。得帛缝新去,何能衲故时。"肃甚有愧谢之色,遂造正觉寺以憩之。

肃忆父非理受祸,常有子胥报楚⑦之意,卑身素服,不听音乐,时人以此称之。

肃初入国,不食羊肉及酪浆等物,常饭鲫鱼羹,渴饮茗汁。京师士子道肃一饮一斗,号为漏卮。经数年已后,肃与高祖殿会,食羊肉酪粥甚多。高祖怪之,谓肃曰:"卿中国之味也。羊肉何如鱼羹?茗饮何如酪浆?"肃对曰:"羊者是陆产之最,鱼者乃水族之长。所好不同,并各称珍。以味言之,甚是优劣。羊比齐鲁大邦,鱼比邾莒小国⑧,唯茗不中,与酪作奴。"高祖大笑,因举酒曰:"三三横,两两纵。⑨谁能辨之,赐金钟。"御史中尉李彪⑩曰:"沽酒老妪瓮注瓨,屠儿割肉与秤同。"尚书左丞甄琛⑪曰:"吴人浮水自云工,妓儿掷绳在虚空。"彭城王勰曰:"臣始解此字是习字。"高祖即以金钟赐彪。朝廷服彪聪明有智,甄琛和之亦速。彭城王谓肃曰:"卿不重齐鲁大邦,而爱邾莒小国。"肃对曰:"乡曲所美,不得不好。"彭城王重谓曰:"卿明日顾我,为卿设邾莒之食,亦有酪奴。"因此复号茗饮为"酪奴"。

时给事中刘缟慕肃之风，专习茗饮。彭城王谓缟曰："卿不慕王侯八珍，好苍头水厄⑫。海上有逐臭之夫⑬，里内有学颦之妇⑭。以卿言之，即是也。"其彭城王家有吴奴，以此言戏之。自是朝贵会虽设茗饮，皆耻不复食，唯江表残民远来降者好之。后萧衍子西丰侯萧正德⑮归降时，元乂欲为之设茗，先问："卿于水厄多少？"正德不晓乂意，答曰："下官生于水乡，而立身以来，未遭阳侯⑯之难。"元乂与举坐之客皆笑焉。

注释

① **王肃**：《魏书》卷六十三有传。

② **奂**：《南齐书》卷四十五有传。

③ **谢氏女**：陈郡谢庄之女。

④ **公主**：陈留长公主，高祖第六妹。

⑤ **得路逐胜去**：此句意含双关，"路"通辂，指机上绕丝的部件；"胜"通滕，指机上固定经线的部件。既关合织机经纬交织的情形，也暗示人乘机追逐荣华。

⑥ **目中恒任丝**："目"也指针眼，"丝"双关思。

⑦ **子胥报楚**：伍子胥之父奢、兄尚被楚平王杀害，子胥投奔吴国，佐吴伐楚。事见《史记·伍子胥列传》。

⑧ **邾莒小国**：邾、莒都是春秋时代邻近齐鲁的小

国,后被楚国所灭。

⑨ **三三横,两两纵**:为字谜的迷面。迷底应为"习"字。

⑩ **李彪**:见卷二正始寺条。他最先说出正解,故独得奖赏。

⑪ **甄琛**:《魏书》卷六十八有传。

⑫ **水厄**:指茶。《太平御览》卷八百六十七引《世说》曰:"王蒙好茶,人至辄饮,士大夫甚以为苦。每饮候蒙,必云有水厄。"

⑬ **海上有逐臭之夫**:《吕氏春秋·遇合篇》曰:"人有大臭者,其亲戚兄弟妻妾知识无能与居者,自苦而居海上。海上人有说(悦)其臭者,昼夜随之而弗能去。"

⑭ **里内有学颦之妇**:《庄子·天运篇》曰:"西施病心而颦其里,其里之丑人见而美之,归亦捧心而颦其里。"

⑮ **萧正德**:梁武帝萧衍之子。初因武帝无子,为其养子。《梁书》卷五十五、《南史》卷五十一有传。

⑯ **阳侯**:水神名,本为阳侯令,溺死于水。(《汉书·扬雄传》注引应劭语)

译文

劝学里的东边有延贤里，里内有正觉寺，是尚书令王肃建造的。

王肃字恭懿，是琅琊人，是伪齐雍州刺史王奂的儿子。他博学多识，富于文才，曾任伪齐的秘书丞，在太和十八年（公元四九四年）背弃伪齐归顺我朝。那时高祖正营造新都洛阳，各方面有很多创设，王肃对古代典章制度相当了解，提供了很大的帮助，因此高祖很看重他，常常以"王生"来称呼他。延贤的名称，就是因王肃而起的。

王肃在江南的时候，曾娶谢家女为妻。等他到了洛阳以后，又与陈留长公主成婚。谢氏为此作五言诗一首相赠。那首诗写道："本是竹箔上的蚕，今作织机上的丝。你虽有路求荣华，我仍难忘缠绵时。"公主代王肃答复道："针是用来穿线的，针眼总要带着线。得到布帛缝新衣，怎能仍去补旧装。"这件事，王肃感到非常羞愧，因此建造正觉寺以使心绪平静。

王肃牢记父亲横遭杀害的仇恨，常有伍子胥借助吴国以报复楚国那样的意念，神态恭敬，不脱丧服，不听音乐，为此当时的人都称赞他。

王肃初来魏国时，不吃羊肉和乳酪等东西，常吃鲫鱼汤，渴了就喝茶。洛阳城里的士人都传说王肃一次能喝一斗，为他起了个绰号叫"漏卮"。过了好几年以后，王肃与高祖在宫中会餐时，吃了很多羊肉、乳酪。高祖感到奇怪，问王肃："你是品尝过各地的风味的。羊肉比鱼汤如何？茶水比乳酪如何？"王肃回答说："羊是陆产食物中的首选，鱼是水产食品中的上乘。尽管各人的爱好不一样，二者都该称为珍品。如果以滋味而言，优劣显然是有的。羊肉可以比作齐鲁大邦，鱼可以比作邾莒小国；只是茶差得太远了，才够做乳酪的奴仆。"高祖听后大笑，于是就举起酒杯说："三三横，两两纵。谁能解开这谜语，赏赐给他金酒杯。"御史中尉李彪说："卖酒的老妇把酒从大口瓮准确地注入小口瓨，屠夫的子弟割下一刀肉就与秤称出来的一样准。"尚书左丞甄琛说："江南人游泳自是巧，杂技女抛绳在空中。"彭城王元勰说："臣现在猜到这个字就是'習'字。"高祖就把金酒杯赐给了李彪。朝廷的官员都佩服李彪的聪明机智以及甄琛应和的迅速。彭城王对王肃说："你不看重齐鲁大邦，却偏爱邾莒小国。"王肃回答说："因为是自己故乡的美味，所以不能不爱好。"彭城王又对他说："请明天光临我家，我为你准备邾莒小国的食品，还有乳酪的奴仆。"从此人们又把茶称为"酪奴"。

当时给事中刘缟羡慕王肃的生活习惯，专门学习喝茶。彭城王对刘缟说："你不羡慕王侯贵族的各种珍馐佳肴，却爱好下等人所喝的水灾般的茶。海上有专门追赶臭味的人，里内有效西施皱眉的人。以你来说，就是这样的人。"这个彭城王的家里有江南来的奴仆，所以就用这番话嘲讽刘缟。从此以后，王侯贵族的宴会虽然备有茶水，大家都以喝茶为耻，只有江南流亡来投诚的人才喜欢饮用。后来，萧衍的儿子西丰侯萧正德来投诚的时候，元乂想为他提供茶水，就先问他："你能对付多少水灾？"萧正德不明白元乂的意思，回答说："在下虽然生长在水乡，但从长大成人以来，没有遭受过任何水患。"元乂以及在座所有宾客听后都大笑。

龙华寺

原典

龙华寺，广陵王所立也；追圣寺，北海王[①]所立也。并在报德寺之东。法事僧房，比秦太上公。京师寺皆种杂果，而此三寺园林茂盛，莫之与争。

宣阳门外四里，至洛水上，作浮桥，所谓永桥也。

神龟中，常景为《洛汭颂》，其辞曰："浩浩大川，泱泱清洛。导源熊耳，控流巨壑。纳谷吐伊，贯周淹亳②。近达河宗，远朝海若。兆唯洛食③，实曰土中④。上应张柳⑤，下据河嵩。寒暑攸叶，日月载融。帝世光宅，函夏同风。前临少室，却负太行。制岩东邑⑥，嶰岠西疆。四险之地，六达之庄。恃德则固，失道则亡。详观古列，考见丘坟。乃禅乃革，或质或文。周余九裂，汉季三分。魏风衰晚，晋景雕曛。天地发挥，图书受命。皇建有极，神功无竞。魏箓仰天，玄符握镜。乃眷书轨⑦，永怀保定。敷兹景迹，流美洪模。袭我冠冕，正我神枢。水陆兼会，周郑交衢。爰勒洛汭，敢告中区。"

南北两岸有华表，举高二十丈。华表上作凤凰，似欲冲天势。

永桥以南，圜丘以北，伊洛之间，夹御道。东有四夷馆，一曰金陵，二曰燕然，三曰扶桑，四曰崦嵫。道西有四夷里，一曰归正，二曰归德，三曰慕化，四曰慕义。吴人投国者，处金陵馆。三年已后，赐宅归正里。

景明初，伪齐建安王萧宝寅来降，封会稽公，为筑宅于归正里。后进爵为齐王，尚南阳长公主。宝寅耻与夷人同列，令公主启世宗，求入城市。世宗从之，赐宅于永安里。正光四年中，萧衍子西丰侯萧正德来降，处金陵馆，为筑宅归正里。后正德舍宅为归正寺。

北夷来附者，处燕然馆。三年已后，赐宅归德里。

正光元年，蠕蠕主郁久阿那肱⑧来朝，执事者莫知所处，中书舍人常景议云："咸宁中单于来朝，晋世处之王公特进之下。可班那肱蕃王、仪同之间。"朝廷从其议，又处之燕然馆，赐宅归德里。北夷酋长遣子入侍者，常秋来春去，避中国之热，时人谓之雁臣。

东夷来附者，处扶桑馆，赐宅慕化里。西夷来附者，处崦嵫馆，赐宅慕义里。自葱岭已西，至于大秦⑨，百国千城，莫不款附。商胡贩客，日奔塞下。所谓尽天地之区已。乐中国土风，因而宅者，不可胜数。是以附化之民，万有余家。门巷修整，阊阖填列。青槐荫陌，绿树垂庭。天下难得之货，咸悉在焉。

别立市于洛水南，号曰四通市。民间谓永桥市。伊洛之鱼，多于此卖。士庶须脍，皆诣取之。鱼味甚美，京师语曰："洛鲤伊鲂，贵于牛羊。"

永桥南道东有白象、狮子二坊。

白象者，永平二年乾陀罗国⑩胡王所献。皆设五彩屏风、七宝坐床，容数人，真是异物。常养象于乘黄曹，象常坏屋毁墙，走出于外，逢树即拔，遇墙亦倒。百姓惊怖，奔走交驰。太后遂徙象于此坊。

狮子者，波斯国⑪胡王所献也。为逆贼万俟丑奴所获，留于寇中。永安末，丑奴破灭，始达京师。庄帝谓侍中李彧⑫曰："朕闻虎见狮子必伏，可觅试之。"于是诏近山郡县捕虎以送。巩县、山阳并送二虎一豹。帝在华林园观之。于是虎豹见狮子，悉皆瞑目，不敢仰视。园中素有一盲熊，性甚驯，帝令取试之。虞人牵盲熊至，闻狮子气，惊怖跳踉，曳锁而走。帝大笑。

普泰元年，广陵王即位，诏曰："禽兽囚之，则违其性，宜放还山林。"狮子亦令送归本国。送狮子者以波斯道远，不可送达，遂在路杀狮子而返。有司纠劾，罪以违旨论。广陵王曰："岂以狮子而罪人也？"遂赦之。

注释

① **北海王**：高祖弟元祥，《魏书》卷二十一上有传。

② **贯周淹亳**：周指成周，即西周的东都洛邑，相当于今洛阳市东郊。亳指商汤的国都，故址在今河南商丘县北。

③ **兆唯洛食**：《尚书·洛诰》曰："我乃卜涧水东、瀍水西，惟洛食。"兆即卜兆，食指吉兆。

④ **实曰土中**：《尚书·召诰》曰："王来绍上帝，自服于土中。"土中即处于地势正中，是继天为治的理想位置。

⑤ **上应张柳**：张、柳为星宿名。古人将地理位置

与天上星座相对应,"周地柳七星,张之分野也"(《汉书·地理志》)。

⑥ **制岩东邑**:制,地名,在今河南省汜水县西。因位于洛阳城之东,故云东邑。《左传·隐公元年》曰:"制,岩邑也。"可见其地势险阻。

⑦ **乃眷书轨**:书指文字,轨指车轮。《礼记·中庸》曰:"今天下车同轨,书同文,行同伦。"意为眷念统一的体制。

⑧ **蠕蠕主郁久阿那肱**:蠕蠕,亦作柔然,为北方游牧民族,北魏时期势力极盛。郁久为姓氏,阿那肱为人名,《魏书》作何那环。其人朝魏事详《魏书》卷一百三《蠕蠕传》。

⑨ **大秦**:东罗马帝国。

⑩ **乾陀罗国**:国名。《大唐西域记》作健驮罗,谓其:"国东西千余里,南北八百余里,东临信度河。"本书卷五记宋云等出使西域曾至此城。

⑪ **波斯国**:本书卷五记宋云等出使西域曾至此国。

⑫ **李彧**:《魏书》卷八十三有传。

译文

龙华寺,是广陵王所建;追圣寺,是北海王所建。

都在报德寺的东边。供佛的设施和僧房的规模，与秦太上公寺不相上下。京城的寺院都种植各种果树，但没有能比得上这三座寺内果树园的繁茂的。

从宣阳门外四里处，直到洛水边，做成浮桥，就是所谓永桥。

神龟年间（公元五一八—五二〇年），常景撰写《洛汭颂》，全文如下："浩浩大川，泱泱清洛。发源于熊耳山，流注于巨壑中。纳入谷水吐出伊水，贯穿成周流经偃师。近达河宗，远朝海若。唯洛为吉兆所在，其实是土地的中心。上与张、柳之星相对应，下据黄河与嵩山。寒暑协调，日月融洽。帝王世代御居，华夏同沐风化。前临少室山，背负太行山。东有制邑的险峻，西有崤山作屏障。四围地形险要，道路四通八达。依赖道德就坚固，失去道德就灭亡。详观古昔，考察典籍。朝代有禅让有革命，制度或质实或文饰。周末九州分裂，汉末天下三分。魏代风俗衰颓，晋代气象凋弊。如今天地发出光辉，我朝受命于河图洛书。为帝业树立起至高准则，所建神功空前绝后。魏国的灵符仰仗天命，神灵庇佑清鉴天下。于是留意文字车辆的统一，永保江山稳固。敷陈这一盛况，赞颂宏规。穿戴我们的冠冕，握正神圣的政权。水域陆地会聚，周郑道路交接。于是刻石于洛汭，敢于在中区告示。"

南北两岸有华表，高达二十丈。华表上有凤凰的造像，其姿势为欲腾空冲天而去。

永桥以南，园丘以北，在伊水和洛水之间，夹着御道。御道之东有四夷馆，一叫金陵，二叫燕然，三叫扶桑，四叫崦嵫。御道之西有四夷里，一叫归正，二叫归德，三叫慕化，四叫慕义。从江南来投诚的人，最初安置在金陵馆。经过三年之后，在归正里赐给住宅。

景明初年（公元五〇〇年左右），伪齐建安王萧宝寅归降我国时，封为会稽公，替他在归正里建筑住宅。后来他进爵为齐王，娶南阳长公主为妻。宝寅以与夷人同列为耻，让长公主向世宗请求住进城内。世宗同意，赐宅于永安里。正光四年（公元五二三年），萧衍的儿子西丰侯萧正德来投诚，安置于金陵馆，为他建宅于归正里。后来萧正德贡献其宅做了归正寺。

从北夷来依附的人，安置在燕然馆。经过三年之后，在归德里赐给住宅。

正光元年（公元五二〇年），蠕蠕主郁久阿那肱来朝见，接待的人不知如何处理，中书舍人常景建议道："咸宁年间（公元二七五—二八〇年）单于来朝见的时候，晋代把他放在王公特进之下接待。可将那肱放在蕃王与仪同三司之间对待。"朝廷听从了他的建议，也安置于燕然馆，在归德里赐给住宅。北夷酋长派儿子入朝，经常是秋季来春季回，以避开中国的暑热，当时人叫他"雁臣"。

东夷来朝的人，安置于扶桑馆，在慕化里赐给住宅。西夷来朝的人，安置于崦嵫馆，在慕义里赐给住宅。从葱岭以西到大秦，其间百国千城，无不诚心归附。每天都有胡商涌向我国境。正是所谓以天地之大作为区域的国度。乐于接受中国的风俗而居于境内的人，不可胜数。因而归化的外国人达一万多户。门巷整齐，宫门紧连。青槐荫蔽着巷陌，绿柳垂枝于庭院。天下珍奇难得的货物，全都聚集在此。

另外，在洛水之南设有市场，叫作四通市。民间则称之为永桥市。伊水与洛水的鱼，大多在此贩卖。士庶百姓要吃鲜鱼片时，都去采购。鱼味很鲜美，所以京城有这样的俚语："洛鲤伊鲂，贵于牛羊。"

永桥南道的东边有白象坊和狮子坊。

白象是永平二年（公元五〇九年）乾陀罗国的胡王所进贡的。象背上设有五彩屏风和七宝坐床，能容纳好几个人，真是稀奇的东西。将象饲养于乘黄曹，象常常毁坏墙屋，夺路而出，逢树就拔起，遇墙就推倒。百姓见状，惊恐不已，纷纷奔走逃窜。因此，灵太后就把象移来此坊饲养。

狮子是波斯国的胡王所进贡的。中途被逆贼万俟丑奴所劫获，留在贼营中。永安末年，丑奴被击溃，狮子才抵达京城。庄帝对侍中李彧说："朕听说老虎看见狮子必定伏下，可找只老虎来试一试。"于是下令靠山的郡县捕虎送来。巩县和山阳县共送来两虎一豹。庄帝在华林园观看以下的场面。虎豹一见到狮子，都闭目不敢仰视。华林园中原有一头盲熊，非常驯服，庄帝下令将它带来一试。被虞人牵来的盲熊，一嗅到狮子的气味，就惊恐跳踉，曳着锁链向外逃。庄帝见状大笑。

普泰元年（公元五三一年），广陵王即位，下达诏书说："把禽兽囚于笼内，实则违背其本性，宜放归山林。"狮子也被下令送回本国。遣送狮子的人认为波斯路途遥远，不可能送到，于是就在去波斯的路上杀死狮子，掉头返回。司法部门对此加以追究，定作违背圣旨罪。广陵王说："怎么能因狮子而罚人呢？"于是就赦免了有关的人。

菩提寺

原典

菩提寺，西域胡人所立也，在慕义里。

沙门达多发冢取砖，得一人以进。时太后与明帝在华林都堂，以为妖异。谓黄门侍郎徐纥曰："上古以来，颇有此事否？"纥曰："昔魏时发冢，得霍光女婿范明友①家奴，说汉朝废立，与史书相符。此不足为异也。"后令纥问其姓名，死来几年，何所饮食。死者曰："臣姓崔，名涵，字子洪，博陵安平人也。父名畅，母姓魏，家在城西阜财里。死时年十五，今满二十七，在地十有二年，常似醉卧，无所食也。时复游行，或遇饭食，如似梦中，不甚辨了。"后即遣门下录事张隽诣阜财里，访涵父母，果得崔畅，其妻魏氏。隽问畅曰："卿有儿死否？"畅曰："有息子洪，年十五而死。"隽曰："为人所发，今日苏活，在华林园中，主人故遣我来相问。"畅闻，惊怖曰："实无此儿，向者谬言。"隽还，具以实陈闻，后遣隽送涵回家。畅闻涵至，门前起火，手持刀，魏氏把桃枝，谓曰："汝不须来，吾非汝父，汝非吾子，急手速去，可得无殃。"涵遂舍去，游于京师，常宿寺门下。汝南王赐黄衣一具。涵性畏日，不敢仰视，又畏水火及刃兵之属。常走于逵路，遇疲则止，不徐行也。时人犹谓是鬼。

洛阳大市北有奉终里，里内之人多卖送死之具及诸棺椁。涵谓曰："作柏木棺，勿以桑木为欀。"人问其故，涵曰："吾在地下见发鬼兵，有一鬼诉称：是柏棺，应免。主兵吏曰：尔虽柏棺，桑木为欀。遂不免。"京师闻此，柏木踊贵，人疑卖棺者货涵发此等之言也。

注释

① **范明友**：事迹见《汉书·霍光传》。有关其家奴的怪异记载亦见《博物志》卷二。

译文

菩提寺，这是西域的胡人所建立的，地点在慕义里。

有个名叫达多的沙门挖墓取砖的时候，发现了一个活人，于是将他送交朝廷。当时太后与明帝在华林园的都堂中，都认为是妖怪。于是问黄门侍郎徐纥："从远古以来曾经有过这样的事情吗？"徐纥回答说："从前魏朝挖墓的时候，发现过汉代霍光的女婿范明友家的奴仆，叙说汉朝各个皇帝的废立，与史书记载都相符合。所以这样的事情是不足为怪的。"于是太后指令徐纥询问此人的姓名，死后至今经历了多少年，吃什么喝什么。死者说："我姓崔，名涵，字子洪，是博陵安平人。父亲名畅，母亲姓魏，家住城西的阜财里。死的时候是十五岁，现在已满二十七岁，在地下过了十二年，常常好像是喝醉了酒睡觉，什么东西也不吃。有时也漫游，多少也碰上些吃的或喝的，但好像是在做梦一样，记不太清楚。"太后随即派遣门下录事张寓到阜财里，寻访崔涵的父母，果然见到了崔畅以及他的妻子魏氏。张寓问崔畅："你是否有个死去的儿子？"崔畅说："我的儿子子洪，十五岁时就死了。"张寓说："他被人从墓中发现，现在已经复活，正在华林园中，所以主上特地派我前来相问。"崔畅听说后，又惊又怕地说："我实际上并无此儿，刚才是胡乱说的。"张寓回去后，把情况向太后如实作了汇报，太后就派遣张寓送崔涵回家。崔畅听说崔涵到了，就在门前点起了火，手里拿着刀，魏氏则手执桃树枝，对着崔涵说："你不可以来，我不是你的父亲，你也不是我的儿子，快快离开，可以免遭祸殃。"崔涵于是就离开这里，漫游京城，经常宿于寺门下。汝南王赐给他一套僧衣。崔涵天性怕阳光，不敢仰视，又怕水火以及兵器刀刃之类的东西。常在陆路上奔跑，疲劳了就停止，从不慢步行走。当时人还称他为鬼。

洛阳大市北有奉终里，居民大多经销葬仪用品以及各种棺材。崔涵对大家说："制作柏木的棺材时，不要用桑木做里衬。"人们打听是何原因，崔涵解答说："我在地下的时候，遇见过征集鬼兵。有一个鬼诉说自己是柏棺，应当免于征集。主管征兵的官吏对他说："你虽是柏棺，可是衬里为桑木。因此就没能免征。"京城的人听说了这番话以后，柏木的价格暴涨。有人怀疑是经销棺材的人买通崔涵说这番话的。

高阳王寺

原典

高阳王寺，高阳王雍之宅也，在津阳门外三里御道西。雍为尔朱荣所害也，舍宅以为寺。

正光中，雍为丞相，给羽葆①、鼓吹②、虎贲班剑③百人，贵极人臣，富兼山海。居止第宅，匹于帝宫。白壁丹槛，窈窕连亘，飞檐反宇，缭绕周通。僮仆六千，妓女五百，隋珠④照日，罗衣从风。自汉晋以来，诸王豪侈，未之有也。出则鸣驺御道，文物成行，铙吹响发，笳声哀转；入则歌姬舞女，击筑吹笙，丝管迭奏，连宵尽日。其竹林鱼池，侔于禁苑，芳草如积，珍木连阴。

雍嗜口味，厚自奉养，一餐必以数万钱为限。海陆珍羞，方丈于前。陈留侯李崇谓人曰："高阳一食，敌我千日。"崇为尚书令、仪同三司，亦富倾天下，僮仆千人。而性多俭吝，恶衣粗食。食常无肉，止有韭茹、韭菹。崇客李元佑语人云："李令公一食十八种。"人问其故，元佑曰："二九⑤一十八。"闻者大笑。世人即以此为讥骂。

及雍薨后，诸妓悉令入道，或有嫁者。美人徐月华，善弹箜篌，能为《明妃出塞》之歌⑥，闻者莫不动容。永安中，与卫将军原士康为侧室，宅近青阳门。徐鼓箜篌而歌，哀声入云，行路听者，俄而成市。徐常语士康曰："王有二美姬，一名修容，一名艳姿，并蛾眉皓齿，洁貌倾城。修容亦能为《绿水》歌，艳姿善为《火凤》舞，并爱倾后室，宠冠诸姬。"士康闻此，遂常令徐鼓《绿水》《火凤》之曲焉。

高阳宅北有中甘里。

里内颍川荀子文，年十三，幼而聪辨，神情卓异，虽黄琬⑦、文举⑧无以加之。正光初，广宗潘崇和⑨讲《服氏春秋》于城东昭义里，子文摄齐北面，就和受道。时赵郡李才问子文曰："荀生住在何处？"子文对曰："仆住在中甘里。"才曰："何为住城南？"城南有四夷馆，才以此讥之。子文对曰："国阳胜地，卿何怪也？若言川涧，伊洛峥嵘；语其旧事，灵台、石经；招提之美，报德、景明；当世富贵，高阳、广平。四方风俗，万国千城。若论人物，有我无卿！"才无以对之。崇和曰："汝颍之士利如锥，燕赵之士钝如锤。⑩信非虚言也！"举学皆笑焉。

注释

① **羽葆**：以鸟羽为幢的车辆。

② **鼓吹**：乐队。

③ **虎贲班剑**：指执剑的随从武人。剑柄画有文饰的剑称班剑。

④ **隋珠**：又称随侯之珠。随侯见大蛇伤折，以药敷之，后蛇于江中衔大珠以报之。见《淮南子·览冥篇》。

⑤ **二九**：九为"韭"的谐音。

⑥ **《明妃出塞》之歌**：晋人以汉元帝的宫女王昭君远嫁匈奴为题材而谱写的歌曲，详《乐府诗集》卷二十九。为避晋文帝司马昭讳，故又习称为王明妃。

⑦ **黄琬**：东汉人，字子琰。《后汉书》卷九十一本传载其"早而辩慧"。

⑧ **文举**：东汉人，孔融之字，《后汉书》卷一百本传载其"幼有异才"。

⑨ **广宗潘崇和**：广宗，地名，在今河北威县东。据唐宴《钩沉》推论，《北史·儒林传》称河北一带通

解《服氏春秋》者中有潘叔虔，叔虔当为崇和之字。

⑩ **汝颍之士利如锥，燕赵之士钝如锤**：《太平御览》卷四百六十六引裴启《语林》曰："祖士言与钟雅相调，钟雅语曰：我汝颍之士利如锥，卿燕赵之士钝如锤。"这种品评式的语句早已流传，故这里也为潘崇和所引证。

译文

高阳王寺，原是高阳王元雍的宅邸，在津阳门外三里御道之西。元雍是被尔朱荣杀害的，他的宅邸舍作此寺。

正光年间（公元五二〇—五二五年），元雍任丞相，配给他羽葆车和乐队、仪仗兵上百人，地位高贵到臣民的极限，拥有山海般无边的财富。起居宅邸，与帝宫相匹敌。白壁丹槛的房屋，深邃连绵。飞檐峭顶的建筑，纵横串通。僮仆六千人，家妓五百人。隋珠辉映日光，罗衣随风轻舞。自从汉晋以来，诸王的豪侈，还没有达到这样的地步。出门则是鸣骑开道，仪仗成行，铙歌嘹亮，笳声动听；回府则是歌姬舞女，击筑吹笙，管弦迭奏，日以继夜。那里的竹林鱼池，可以和皇家宫苑相比，芬芳花草茂密如织，珍贵树木连成绿荫。

元雍嗜好美味，很重视自我保养，一餐必定花费数万钱。山珍海味，摆满了一丈见方的桌前。陈留侯李崇对人说："高阳王的一餐，胜过我一千天的饮食。"李崇任尚书令、仪同三司，也是倾动天下的巨富，拥有僮仆千人。但是生性俭啬，粗衣粗食度日。日常饮食几乎没有肉类，只有韭菜和腌韭菜。李崇家的食客李元佑对人说："李令公一餐吃十八种菜。"有人询问其中的原委，元佑回答说："二韭（九的谐音）一十八。"听的人大笑。因此当时的人就以这句话来嘲讽李崇。

　　等到元雍死后，他的家妓都被下令出家，其中也有出嫁的。美人徐月华，善于弹筝篌，能演奏《明妃出塞》之歌，听的人无不感动。永安年间（公元五二八—五三〇年），卫将军原士康纳为侧室，其宅邸靠近青阳门。徐月华边弹筝篌边吟唱，哀婉之声入云，路上行人为之驻足倾听，不一会儿就汇成了黑压压的一片。徐月华曾对原士康说："高阳王有美姬两人，一叫修容，一叫艳姿，都是蛾眉皓齿，端丽绝美。修容还能唱《绿水》之歌，艳姿善于跳《火凤》之舞。两人得到高阳王的宠爱，压倒了所有的妻妾。"原士康听说这些以后，就常常让徐月华弹奏《绿水》《火凤》之曲。

　　高阳王的宅邸之北，有中甘里。

　　居于里内的颍川荀子文，才十三岁，年幼而聪明，神态高奇不凡，毫不逊色于黄琬和孔融。正光初年（公元五二〇年左右），广宗（今河北威县东）潘崇和在城东讲授服虔注的《春秋》时，荀子文正式向他拜师受业。当时赵郡李才问荀子文："荀生住在哪里？"子文回答说："鄙人住在中甘里。"李才又问："为什么住在城南？"城南有四夷馆，李才这样问有讥讽之意。荀子文的回答是："那里是国都之南的名胜之地，你何必大惊小怪呢？若论河川，则有河岸高峻的伊水和洛水；若论古迹，则有灵台和石经；至于寺院之美，则有报德、景明二寺；当代富贵之家，则有高阳、广平二王。四方的风俗汇聚，真有万国千城的气象。若论人物，有我无你！"说得李才哑口无言。潘崇和说："俗称'汝颍之士利如锥，燕赵之士钝如锤'，这话真不假。"所有的学徒听后都笑了。

崇虚寺

原典

崇虚寺，在城西[①]，即汉之濯龙园也。

延熹九年，桓帝祠老子于濯龙园，设华盖之座，用郊天之乐[②]，此其地也。

高祖迁京之始，以地给民，憩者多见妖怪，是以人皆去之，遂立寺焉。

注释

① **在城西**：本卷为记城南，不当列入。据范氏《校注》，本条应是卷一城内篇中的文字，错乱倒置于后。

② **华盖之座、郊天之乐**：华盖为天子玉座、玉辇上的盖状饰物。郊天为天子祭天的仪式。

译文

崇虚寺，位于城西，是汉代濯龙园的遗址。

延熹九年（公元一六六年），桓帝在濯龙园祭祀老子时，设置华盖的坐席，使用祭天的音乐，地点就在这里。

高祖迁都洛阳的初期，把这里的土地给予人民。可是在这里停留栖息的人大多看见妖怪，所以人们都逃离此地，于是才建立了此寺。

5　卷四城西

冲觉寺

原典

冲觉寺，太傅清河王怿舍宅所立也。在西明门外一里御道北。

怿，亲王之中最有名行，世宗爱之，特隆诸弟。延昌四年，世宗崩，怿与高阳王雍、广平王怀并受遗诏，辅翼孝明。时帝始年六岁，太后代总万机，以怿名德茂亲，体道居正，事无大小，多咨询之。是以熙平、神龟之际，势倾人主，第宅丰大，逾于高阳①。西北有楼，出凌云台，俯临朝市，目极京师，古诗所谓"西北有高楼，上与浮云齐"②者也。楼下有儒林馆、延宾堂，形制并如清暑殿③。土山钓池，冠于当世。斜峰入牖，曲沼环堂。树响飞嘤，阶丛花药。怿爱宾客，重文藻，海内才子，莫不辐辏，府僚臣佐，并选隽民。至于清晨明景，骋望南台；珍羞具设，琴笙并奏；芳醴盈罍，佳宾满席。使梁王愧兔园之游④，陈思惭雀台之燕⑤。

正光初，元义秉权，闭太后于后宫，薨怿于下省。孝昌元年，太后还总万机，追赠怿太子太师、大将军、都督中外诸军事，假黄钺。给九旒、鸾辂⑥、黄屋、左纛⑦、辒辌车⑧，前后部羽葆鼓吹，虎贲班剑百人，挽歌二部⑨，葬礼依晋安平王孚故事⑩。谥曰文献。图怿像于建始殿。拔清河国郎中令韩子熙⑪为黄门侍郎。徙王国三卿为执戟者，近代所无也。

为文献追福，建五层浮图一所，工作与瑶光寺相似也。

注释

① **高阳**：指高阳王雍的宅邸，位于城南，见卷三高阳王寺条。

② **西北有高楼，上与浮云齐**：见《文选》卷二十九。此处引用，以比况怿宅楼之高。

③ **清暑殿**：位于华林园内，见卷一景宁寺条。

④ **梁王愧兔园之游**：兔园为汉梁孝王的苑囿，故

址在今河南商丘县。葛洪《西京杂记》卷二载："（梁孝）王日与宫人、宾客弋钓其中。"

⑤ **陈思惭雀台之燕**：陈思即曹植，曹操之子。雀台即铜雀台，汉建安十五年（公元二一〇年）冬曹操建，故址在今河南临漳县西南。《魏志·陈思王传》曰："时邺铜爵台新成，太祖悉将诸子登台，使各为赋。植援笔立成。"

⑥ **九旒、鸾辂**：旒即旌旗下垂着的饰物，鸾辂即带铃和旌旗的车。

⑦ **黄屋、左纛**：黄屋指以黄色薄绢为盖里的天子的车。左纛指车柄左前方安着鸟羽装饰的幢的乘舆。

⑧ **辒辌车**：靠窗子的开闭，可以调节温度的灵柩车。据说秦始皇驾崩后，安置于这种车内。（《史记·李斯传》）

⑨ **挽歌二部**：指两个挽歌合唱队，每队六十四人。

⑩ **晋安平王孚故事**：晋司马懿之弟司马孚于泰始八年（公元二七七年）辞世，其时依汉东平王刘苍的先例，为他举行极为隆重的葬仪。事详《晋书》卷三十九。

⑪ **韩子熙**：《魏书》卷六十有传。

译文

冲觉寺，是太傅清河王元怿贡献其宅邸而建立的。在西明门外一里，御道之北。

怿在亲王之中最有品行，世宗喜爱他，大大超过他的各位弟弟。延昌四年（公元五一五年），世宗驾崩，怿与高阳王雍、广平王怀一起接受遗诏，辅佐孝明帝执政。当时孝明帝才六岁，太后代为总揽政务，因为元怿品德高尚，又为皇室宗亲，而且履行正道，处事公正，所以政事不论大小，多向他咨询。因而熙平、神龟之际，他的权位大有压过天子之势，而宅邸的宏大，则超过高阳王。西北有楼，高出陵云台，俯临街市，远眺全城，这正是古诗所咏的"西北有高楼，上与浮云齐"。楼下有儒林馆、延宾堂，建筑式样都与清暑殿相似。园中的土山和钓池，冠绝当世。斜耸的山峰伸向窗前，弯曲的池沼环绕堂屋。树林中传出嘤嘤鸟鸣，台阶上布满丛丛芍药。元怿喜爱宾客，看重文采，因而海内的才子无不集中于他的门下，并且他的臣僚也都选的是才德优秀的人。至于清晨明丽的阳光中，在南台上极目远望；摆满山珍海味的宴席，琴笙一起演奏；醇酒盈樽，嘉宾满座。所有这些，足以使梁王对兔园之游感到惭愧，使陈思王对铜雀台之宴感到逊色。

正光初年（公元五二〇年），元义专权，把太后幽禁于后宫，在门下省杀害元怿。孝昌元年（公元五二五年），太后重握大权，追赠元怿太子太师、大将军、都督中外诸军事的官衔，给予黄钺。对其葬仪，还赐给九旒、鸾辂、黄屋、左纛、辒辌车以及前后部羽葆鼓吹（乐队）、虎贲班剑（仪仗兵）百人、挽歌二部。葬礼依照晋安平王司马孚的先例举行。谥文献。在建始殿画上元怿的像。选拔清河国的郎中令韩子熙任黄门侍郎。把诸侯国的重臣转用为皇宫的侍臣，这是近代所没有过的。

为了替文献祈求冥福，建造了一座五层的佛塔，其建筑与瑶光寺相似。

宣忠寺

原典

宣忠寺，侍中司州牧城阳王徽[①]所立也。在西阳门外一里御道南。

永安中，北海王入洛[②]，庄帝北巡，自余诸王，各怀二望，唯徽独从庄帝至长子城。大兵阻河，雌雄未决，徽愿入洛阳，舍宅为寺。及北海败散，国道重晖，遂舍宅焉。

永安末,庄帝谋杀尔朱荣,恐事不果,请计于徽。徽曰:"以生太子为辞,荣必入朝。因以毙之。"庄帝曰:"后怀孕未十月,今始九月,可尔以不③?"徽曰:"妇生产,有延月者,有少月者,不足为怪。"帝纳其谋,遂唱生太子,遣徽特至太原王第,告云皇储诞育。值荣与上党王天穆博戏,徽脱荣帽,欢舞盘旋。徽素大度量,喜怒不形于色,绕殿内外欢叫,荣遂信之,与穆并入朝。庄帝闻荣来,不觉失色。中书舍人温子昇曰:"陛下色变。"帝连索酒饮之,然后行事。荣、穆既诛,拜徽太师司马,余官如故,典统禁兵,偏被委任。及尔朱兆擒庄帝,徽投前洛阳令寇祖仁④。祖仁一门刺史⑤,皆是徽之将校,以有旧恩,故往投之。祖仁谓子弟等曰:"时闻尔朱兆募城阳王甚重,擒获者千户侯。今日富贵至矣!"遂斩送之⑥。徽初投祖仁家,赍金一百斤、马五十匹,祖仁利其财货,故行此事。所得金马,缌亲之内均分之。所谓"匹夫无罪,怀璧其罪"⑦,信矣。兆得徽首,亦不勋赏祖仁。兆忽梦徽云:"我有黄金二百斤、马一百匹在祖仁家,卿可取之。"兆悟觉,即自思量:城阳禄位隆重,未闻清贫,常自入其家采掠,本无金银,此梦或真。至晓,掩祖仁,征其金马。祖仁谓人密告,望风款服,云实得金一百斤、马五十匹。兆疑其藏隐，依梦征之。祖仁诸房素有金三十斤、马三十匹，尽送致兆，犹不充数。兆乃发怒捉祖仁，悬首高树，大石坠足，鞭捶之以及于死。时人以为交报。

杨衒之曰：崇善之家，必有余庆；积祸之门，殃所毕集。⑧祖仁负恩反噬，贪货杀徽，徽即托梦增金马，假手于兆，还以毙之。使祖仁备经楚挞，穷其涂炭，虽魏侯之笞田蚡⑨，秦主之刺姚苌⑩，以此论之，不能加也。

注释

① **城阳王徽**：《魏书》卷十九下有传。

② **北海王入洛**：北海王元颢入洛事，见卷一永宁寺条。

③ **可尔以不**：据入矢氏《译注》，"以不"为俗语中的疑问词。

④ **寇祖仁**：《魏书·城阳王元徽传》作寇弥。祖仁当是其字。寇弥，《魏书》卷四十二有传。

⑤ **一门刺史**：据范氏《校注》统计，祖仁父臻为郢州刺史，其兄治历任东荆州与河州刺史，其长兄之子遵贵为光州刺史。

⑥ **斩送之**：《魏书·城阳王徽传》载其具体过程为："弥外虽容纳，内不自安，乃怖徽云：'官捕将至。'

令其避他所，使人于路邀害，送尸于尔朱兆。"

⑦ **匹夫无罪，怀璧其罪**：《左传·桓公十年》所引周朝谚语。原本清白之人，一旦贪取财宝，便坠入罪恶之渊。

⑧ **崇善之家……殃所毕集**：《周易》坤卦文言曰："积善之家，必有余庆；积不善之家，必有余殃。"为其所本。

⑨ **魏侯之笞田蚡**：魏侯乃魏其侯的略称，即窦婴。窦婴因其友灌夫与丞相田蚡交恶，被田蚡诬陷致死。其后田蚡亦病，满身疼痛，请巫者察之，曰：魏其侯与灌夫共守笞，欲杀之。蚡竟气绝。(《史记》卷一百七、《汉书》卷五十二)

⑩ **秦主之刺姚苌**：秦主即前秦苻坚。姚苌辅助苻坚之子睿讨叛军，大败，因惧苻坚怒责而自立为秦王。后苻坚为其所俘，并遭杀害。翌年姚苌称帝，又对之掘墓鞭尸。后遇疾，梦见被苻坚所派遣的鬼兵追入宫中，宫女持矛击鬼兵，却误刺苌阴部，拔矛而大出血。惊醒后，遂患阴肿，医者刺之，出血之多一如梦中，于是发狂致死。(《晋书》卷一百十六)以上二事亦载于《法苑珠林》卷七十引《冤魂志》。

译文

宣忠寺，是侍中司州牧城阳王元徽所建立的。在西阳门外一里，御道之南。

永安年间，北海王攻入洛阳，庄帝向北撤退。这时，其他的诸侯王都对何去何从犹豫不决，只有元徽跟随庄帝到长子城（山西长子县西）。大兵在黄河阻击，胜败难分之际，元徽就发愿，若进入洛阳，即舍其宅为寺院。等到北海王失败，国家重获光明，于是就将其宅邸贡献出来。

永安末年，庄帝谋划诛杀尔朱荣，怕事情不成，请元徽献计。元徽说："借口说太子诞生，尔朱荣必定会入朝。趁此机会毙了他。"庄帝说："皇后怀孕还不满十个月，现在才九个月，这样托辞行吗？"元徽说："妇人生育，有拖延月份的，也有不足月份的，这不足为怪。"庄帝采纳了他的计谋，于是宣布太子诞生，特派元徽到太原王府上，报告皇太子降生。那时正值尔朱荣与上党王元天穆对弈，元徽取下尔朱荣头上的帽子，拿在手里欢舞旋转。元徽平素以大度量见称，喜怒不形于色，他这时绕着殿堂跑跳欢呼，尔朱荣就信以为真，与元天穆一起入朝参贺。庄帝听说尔朱荣已来，不觉惊慌失色。中书舍人温子昇说："陛下脸色变了。"庄帝连连取酒喝下，然后才办事。尔朱荣与元天穆被诛杀后，元徽升任太师司马，其余的官位如前，由他统率近卫兵，特别受到重用。等到尔朱兆将庄帝囚禁后，元徽便投奔前洛阳令寇祖仁。寇氏一族的刺史，都是元徽手下的将校，因有这层旧恩，所以他才前去躲避。寇祖仁对子弟们说："听说尔朱兆悬重赏捉城阳王，捉到的人随即就封千户侯。今天富贵来了！"于是将城阳王斩首交出。元徽一开始来投靠寇祖仁家的时候，带着黄金一百斤，马五十匹，祖仁贪图这些财物，才如此下手的。所得的金、马，族亲之中平均分摊。所谓"匹夫无罪，怀璧其罪"，真是不假。尔朱兆得到元徽的首级，也不嘉奖祖仁。某夜，尔朱兆梦见元徽对他说："我有黄金二百斤、马一百匹，放在祖仁家，你可去取。"兆从梦中醒来，即暗自思量：城阳王的奉禄很高，没听说过清贫，可是我曾亲自到他家搜罗，根本没有金银财宝，这个梦或许是真的。天刚拂晓，就逮捕寇祖仁，追问那些金、马。祖仁以为是有人告密，于是老实交待说："实得黄金一百斤，马五十匹。"尔朱兆怀疑他有隐瞒，依据梦中的数字索取。祖仁各房本有黄金三十斤，马三十匹，全部送交尔朱兆，但数目还是不满。尔朱兆便发怒捉来祖仁，把头吊上高树，再把大石块悬在脚下，鞭打至死。当时人认为这是报应。

杨衒之曰：积善之家，必有余庆；积恶之家，祸害全来。祖仁忘恩负义，调头中伤，贪图财物，杀害元徽。元徽就托梦增加金马数量，借尔朱兆之手，反过来将他致于死地。祖仁受尽毒打和磨难，尽管有魏侯鞭笞田蚡、秦主刺杀姚苌的事情，可是与此相比，也不见得更厉害。

王典御寺

原典

宣忠寺东王典御寺，阉官王桃汤①所立也。

时阉官伽蓝皆为尼寺，唯桃汤独造僧寺，世人称之英雄。

门有三层浮屠一所，工逾昭仪，宦者招提，最为入室。至于六斋，常击鼓歌舞也。

注释

① 王桃汤：名温，《魏书》卷九十四有传。

译文

宣忠寺的东边是王典御寺，由宦官王桃汤所建。

当时宦官的伽蓝都是尼寺，只有桃汤例外地建造了僧寺，因而世人称他为英雄。

当门有一座三层佛塔，建筑工艺超过昭仪尼寺，在宦官的寺院中最为精致。每到六斋的日子，这里常常有击鼓和歌舞表演。

白马寺

原典

白马寺，汉明帝所立也。

佛教入中国之始。

寺在西阳门外三里御道南。帝梦金神，长丈六，项背日月光明。胡神号曰佛，遣使向西域求之，乃得经像焉①。时以白马负经而来，因以为名。

明帝崩，起祇洹於陵上，自此以后，百姓冢上或作浮图焉。

寺上经函②，至今犹存。常烧香供养之，经函时放光明，耀于堂宇。是以道俗礼敬之，如仰真容。

浮屠前柰林③、蒲萄异于余处,枝叶繁衍,子实甚大。柰林实重七斤,蒲萄实伟于枣,味并殊美,冠于中京。帝至熟时,常诣取之,或复赐宫人。宫人得之,转饷亲戚,以为奇味。得者不敢辄食,乃历数家。京师语曰:"白马甜榴,一实直牛。"

有沙门宝公④者,不知何处人也。形貌丑陋,心识通达,过去未来,预睹三世。发言似谶不可得解,事过之后始验其实。胡太后闻之,问以世事,宝公曰:"把粟与鸡呼朱朱⑤。"时人莫之能解。建义元年,后为尔朱荣所害,始验其言。时亦有洛阳人赵法和请占早晚当有爵否,宝公曰:"大竹箭,不须羽,东厢屋,急手作。"时人不晓其意。经十余日,法和父丧。大竹箭者,苴杖;东厢屋者,倚庐。造十二辰歌⑥,终其言也。

注释

① **遣使向西域……得经像焉**:事又见《牟子理惑论》《魏书·释老志》及《水经注》谷水条。作为西行使者,有郎中蔡愔、博士弟子秦景宪等人。所得之经像为《四十二章经》及释迦立像,于永平十年(公元六七年)返归洛阳。

② **经函**:据《水经注》谷水条,为以榆木制作的

盛经之盒。

③ **茶林**：译音字，即安石榴。

④ **沙门宝公**：据周氏《校释》，殆即《法苑珠林》卷九十一引侯君素《旌异记》所载北齐初沙门宝公，为嵩山高栖之士。

⑤ **把粟与鸡呼朱朱**："朱朱"为吆喝鸡的象声词，宋元时写作"羁"而不作"朱"。（据入矢氏《译注》）隐指尔朱荣忘恩负义，胡太后折尽老本。

⑥ **十二辰歌**：一天分十二个时间段，配以十二支，歌辞以此顺序展开。这种歌辞形态在唐代受到一定的模仿。

译文

白马寺，是汉明帝所建的。

佛教开始进入中国。

寺的位置在西阳门外三里，御道之南。明帝梦见金神，身高一丈六尺，项背辉耀着日月之光。胡神叫作佛，帝派遣使者前往西域求佛，于是获得佛经与佛像。那时，因为是用白马驮经而归，所以就取名为白马寺。

明帝驾崩后，在陵墓上建起佛塔。从此以后，老百姓的坟墓上也有建塔的。

寺内的经函，至今还保存着。常常烧香供奉它。经函时而放出光明，照耀堂宇。所以，僧俗都致以敬礼，如同瞻仰真佛一样。

塔前的石榴和葡萄与别处的不同，枝叶繁衍，果实很大，石榴重达七斤一个，葡萄比枣还大，味道都特别好，冠于洛阳。每到成熟时，明帝经常来取，有时也赐给宫人。宫人获得赏赐后，因为这些是珍奇水果，所以转而馈赠亲戚。获得馈赠的人不忍心马上吃掉，于是巡回展览于好几家人之间。京城里的谚语说："白马甜石榴，一颗值头牛。"

有一位叫宝公的和尚，不知家乡是何处。他的容貌丑陋，可是识力通达，能预见过去、现在、未来三世。说出的话就像预报凶吉的隐语，当下无法理解，而事过之后，才验证出原来实有所指。胡太后听说后，向他询问时事，宝公回答说："给鸡吃粟呼朱朱。"当时没人能明白这句话的意思。建义元年（公元五二八年），太后被尔朱荣杀害，这句话才得到印证。当时还有洛阳人赵法和，请他预占何时会得爵位，宝公回答说："大竹箭，不须箭翎；东厢屋，赶快建造。"当时不明白是什么意思。经过十多天，法和的父亲去世。原来"大竹箭"是指丧礼所用的竹杖；"东厢屋"是指服丧者的住处。所作的"十二辰歌"，是他一生最后的文辞。

宝光寺

原典

宝光寺，在西阳门外御道北。有三层浮图一所，以石为基，形制甚古，画工雕刻。

隐士赵逸见而叹曰："晋朝石塔寺，今为宝光寺也。"人问其故，逸曰："晋朝四十二寺尽皆湮灭，唯此寺独存。"指园中一处，曰："此是浴室。前五步，应有一井。"众僧掘之，果得屋及井焉。井虽填塞，砖口如初。浴堂下犹有石数十枚。当时园地平衍，果菜葱青，莫不叹息焉。园中有一海，号咸池。葭菼被岸，菱荷覆水，青松翠竹，罗生其旁。京邑士子，至于良辰美日，休沐告归，征友命朋，来游此寺。雷车接轸，羽盖成阴。或置酒林泉，题诗花圃，折藕浮瓜，以为兴适。

普泰末，雍州刺史陇西王尔朱天光[1]总士马于此寺。寺门无何都崩，天光见而恶之。其年天光战败，斩于东市也。

注释

[1] **尔朱天光**：尔朱荣从祖之子。《魏书》卷七十五有传。普泰末年战败事指败于高欢之手。

译文

宝光寺，位置在西阳门外，御道之北。有一座三层的佛塔，以石块做塔基，造型很古老，有雕刻的图案。

隐士赵逸观览此寺后感叹说："晋朝的石塔寺，现在成了宝光寺。"人们询问其中的缘故，赵逸回答说："晋朝四十二座寺院全部消亡，只有此寺独存。"他指着园中某处说："这是浴室，五步之前，应有一口井。"众僧在此挖掘，果然挖到房屋和水井。井虽已填塞，但砖砌的井口还是原样；浴堂下还残存数十块石砖。当时园中地势平展，果树、蔬菜一片青葱，今昔的不同使在场的人无不叹息。园中有一个水池，叫咸池。苇荻遮岸，菱荷覆水，旁边青松翠竹环绕。京城的士人们，到了良辰美日，休假无事，就邀朋请友，一起来游览此寺。车声隆隆如雷，一辆接一辆，羽饰的顶篷遮天蔽日。有的摆酒于林泉，有的作诗于花圃；在水中折取菱藕，漂浮瓜果，用来助兴。

普泰末年（公元五三一年），雍州刺史陇西王尔朱天光在此寺聚集军队，寺门突然倒塌。尔朱天光见状，感到厌恶。就是那年他战败，在东市被斩。

法云寺

原典

　　法云寺，西域乌场国①胡沙门昙摩罗所立也。在宝光寺西，隔墙并门。

　　摩罗聪慧利根，学穷释氏。至中国，即晓魏言及隶书，凡所闻见，无不通解，是以道俗贵贱，同归仰之。作祇洹寺一所，工制甚精。佛殿僧房，皆为胡饰。丹素炫彩，金玉垂辉，摹写真容，似丈六之见鹿苑②，神光壮丽，若金刚之在双林③。伽蓝之内，花果蔚茂，芳草蔓合，嘉木被庭。京师沙门好胡法者，皆就摩罗受持之。戒行真苦，难可揄扬。秘咒神验，阎浮所无。咒枯树能生枝叶，咒人变为驴马，见之莫不忻怖。西域所赍舍利④、骨及佛牙、经像皆在此寺。

　　寺北有侍中尚书令临淮王彧⑤宅。

　　彧博通典籍，辨慧清悟，风仪详审，容止可观。至三元⑥肇庆，万国齐臻，金蝉曜首，宝玉鸣腰，负荷执笏，逶迤复道，观者忘疲，莫不叹服。彧性爱林泉，又重宾客。至于春风扇扬，花树如锦，晨食南馆，夜游后园，僚寀成群，俊民满席。丝桐发响，羽觞流行，诗赋并陈，清言乍起，莫不领其玄奥，忘其褊郄焉。是以入或室者,谓登仙也。荆州秀才张斐尝为五言,有清拔之句云:"异林花共色,别树鸟同声。"或以蛟龙锦赐之。亦有得绯䌷、紫绫者。唯河东裴子明为诗不工,罚酒一石。子明饮八斗而醉眠,时人譬之山涛[7]。及尔朱兆入京师,或为乱兵所害,朝野痛惜焉。

出西阳门外四里御道南,有洛阳大市,周回八里。市南有皇女台[8],汉大将军梁冀[9]所造,犹高五丈余。景明中,比丘道恒立灵仙寺于其上。台西有河阳县,台东有侍中侯刚[10]宅。

市西北有土山鱼池,亦冀之所造。

即《汉书》所谓"采土筑山,十里九坂,以象二崤"[11]者。

市东南有通商、达货二里。里内之人,尽皆工巧,屠贩为生,资财巨万。

有刘宝者,最为富室。州郡都会之处,皆立一宅,各养马十匹。至于盐粟贵贱,市价高下,所在一例。舟车所通,足迹所履,莫不商贩焉。是以海内之货,咸萃其庭,产匹铜山,家藏金穴[12]。宅宇逾制,楼观出云,车马服饰拟于王者。

市南有调音、乐律二里。里内之人,丝竹讴歌,天下妙伎出焉。

有田僧超者,善吹笳,能为《壮士歌》[13]、《项羽吟》

㉔，征西将军崔延伯㉕甚爱之。正光末，高平失据，虎吏充斥，贼帅万俟丑奴寇暴泾岐之间，朝廷为之旰食，诏延伯总步骑五万讨之。延伯出师于洛阳城西张方桥，即汉之夕阳亭也。时公卿祖道，车骑成列，延伯危冠长剑，耀武于前，僧超吹壮士笛曲于后，闻之者懦夫成勇，剑客思奋。延伯胆略不群，威名早著，为国展力，二十余年，攻无全城，战无横阵，是以朝廷倾心送之。延伯每临阵，常令僧超为壮士声，甲胄之士莫不踊跃。延伯单马入阵，旁若无人，勇冠三军，威镇戎竖。二年之间，献捷相继。丑奴募善射者射僧超亡，延伯悲惜哀恸，左右谓伯牙之失钟子期㉖不能过也。后延伯为流矢所中，卒于军中。于是五万之师，一时溃散。

市西有延酤、治觞二里。里内之人多酝酒为业。

河东人刘白堕善能酿酒。季夏六月，时暑赫晞，以罂贮酒，暴于日中，经一旬，其酒不动。饮之香美，醉而经月不醒。京师朝贵多出郡登藩，远相饷馈，逾于千里。以其远至，号曰鹤觞，亦名骑驴酒。永熙年中，南青州刺史毛鸿宾㉗赍酒之藩，路逢贼盗，饮之即醉，皆被擒获，因此复名擒奸酒。游侠语曰："不畏张弓拔刀，唯畏白堕春醪。"

市北有慈孝、奉终二里。里内之人以卖棺椁为业，赁车为事。

有挽歌孙岩，娶妻三年，妻不脱衣而卧。岩因怪之，伺其睡，阴解其衣，有毛长三尺，似野狐尾，岩惧而出之。妻临去，将刀截岩发而走，邻人逐之，变成一狐，追之不得。其后京邑被截发者，一百三十余人。初变为妇人，衣服靓妆，行于道路，人见而悦近之，皆被截发。当时有妇人着彩衣者，人皆指为狐魅。熙平二年四月有此，至秋乃止。⑱

别有阜财、金肆二里，富人在焉。凡此十里，多诸工商货殖之民。千金比屋，层楼对出，重门启扇，阁道交通，迭相临望。金银锦绣，奴婢缇衣；五味八珍，仆隶毕口。神龟年中，以工商上僭议，不听金银锦绣。虽立此制，竟不施行。

注释

① **乌场国**：《魏书·西域传》作乌苌，在今巴基斯坦Swat河沿岸。本书卷五及《法显传》《大唐西域记》中载有详情。据载法显五世纪初游访此国时，见有小乘伽蓝五百所。

② **丈六之见鹿苑**：鹿苑，又名鹿野苑，为佛成道后说法之处。在今印度北方山贝拿勒斯以北六英里。

③ **金刚之在双林**：双林，即拘尸那城夷罗拔堤河

边娑罗双树，佛在此进入涅槃境界。金刚指佛身，居法身不坏之义。

④ **舍利**：骨。《魏书·释老志》曰："佛既谢世，香木焚尸。灵骨分碎，大小如粒。击之不坏，焚亦不焦，或有光明神验，胡言谓之舍利。"

⑤ **临淮王彧**：《魏书》卷十八有传。避河阴之难，曾逃往梁朝。

⑥ **三元**：元日为年月日三者之始，谓之三元。

⑦ **山涛**：（公元二〇五—二八三年）《晋书》卷四十三有传，传称："涛饮酒至八斗方醉，（武）帝欲试之，乃以酒八斗饮涛，而密益其酒。涛极本量而止。"

⑧ **皇女台**：《水经注》谷水条及《元河南志》卷三均有记载，但都未提到梁冀造，与本书所记不同。范氏《校注》疑本书"文有讹误"。

⑨ **梁冀**：《后汉书》卷六十四有传。

⑩ **侯刚**：《魏书》卷九十三有传。又据《侯刚墓志》，其人卒于洛阳中练里（《汉魏南北朝墓志汇编》），则可知侯宅所在地一带称中练里。

⑪ **采土筑山……以象二崤**：语出《后汉书·梁冀传》。崤即崤山，因有二峰，故称二崤。

⑫ **产匹铜山，家藏金穴**：铜山指汉文帝赐给邓通蜀严道铜山，得以自铸钱币，流布天下，成为天下第一

富豪。(《史记》卷一百二十五)金穴指后汉光武帝赏赐郭皇后弟郭况,丰厚之极,京城称况家为金穴。(《后汉书》卷十)

⑬《壮士歌》:具体内容不详。据入矢氏《译注》,即与《乐府诗集》卷六十七所载晋张华《壮士篇》为同一系列作品,源于荆轲《易水歌》的"风萧萧兮易水寒,壮士一去兮不复还"。

⑭《项羽吟》:项羽被围于垓下,陷于四面楚歌之境时所作"力拔山兮气盖世"四句歌词,《乐府诗集》以"拔山歌"为题收录于卷五十八。当为围绕这首歌词的演奏本或改编本。同书就还载有无名氏《项王歌》(五言六句)。

⑮崔延伯:《魏书》卷七十三有传。

⑯伯牙之失钟子期:钟子期,春秋时楚人。伯牙鼓琴,意在高山或流水,钟子期皆听而知之。子期死,伯牙谓世无知音,遂终身不复鼓琴。(《吕氏春秋·本味篇》)

⑰毛鸿宾:《北史》卷四十九有传。

⑱熙平二年四月有此,至秋乃止:事又见《魏书·灵征志》。暗示胡太后摄政,行多不正。同书又载:"太和元年五月六辛丑,有狐魅截人发,时文明太后临朝,行多不正之征也。"

译文

　　法云寺，是西域乌场国的沙门昙摩罗所建的。位于宝光寺的西边，仅一墙之隔，两寺的大门相并列。

　　摩罗生性聪慧，精通佛教。来到中国后，就通晓魏的语言和隶书，所见所闻之事，没有令他感到困惑的。所以无论出家与否，地位高低，人们都一致崇拜他。建起这所佛寺，工艺非常精致。佛殿僧房，都是西域风格的装饰，配色鲜丽，金玉闪光。所摹绘的佛像，就好像丈六身高的释迦在鹿野苑说法；所展现的壮丽的神光，就如同金刚法身在沙罗树前进入涅槃境界。伽蓝之内，花草果树繁茂，芳草滋蔓，嘉树满庭。京城里爱好西域佛法的沙门，都来依摩罗受教持戒。守戒的苦状，难以表述。神秘咒语的灵验，从来未在世间看到过。把咒语加在枯树上，枯树就生出枝叶；把咒语加在人身上，人就变成驴马。看到的人无不惊恐。从西域带来的佛舍利、佛牙、佛经、佛像都安置在此寺。

　　寺北有侍中尚书令元彧的宅邸。

　　元彧博通典籍，明辨敏悟，仪表堂堂，举止可观。当元旦新禧，各国使者都前来欢聚时，元彧戴的金蝉冠饰在头上闪光，身上佩戴的宝玉在腰间鸣响，手中执笏，从宫中复道通过，观看的人忘记疲劳，无不叹服。元彧天性喜好林泉，又爱重宾客。当春风吹拂、花树如锦的季节到来，在南馆早餐，在后园夜游；僚属成群，高朋满座；琴声悠扬，酒觞流转；咏诗作赋，清谈时起，人们无不领会其中的玄旨奥义，忘却一己的偏狭鄙吝。所以，能进入元彧门庭的人，以为是登上仙界。荆州秀才张斐曾作五言诗，其中一联清拔的句子如下："异林花共色，别树鸟同声。"元彧赐给作者蛟龙锦。也有人获得过绯绸、紫绫。只有河东裴子明作诗拙劣，被罚酒十斗。子明喝下八斗便醉眠过去，当时人把他比作山涛。等到尔朱兆攻入京城时，元彧遭乱兵杀害，朝野上下为之痛惜。

在西阳门外四里，御道之南，有洛阳大市，周围达八里。市南有皇女台，是汉代大将军梁冀所建造，尚有五丈多高。景明年间（公元五〇〇—五〇三年），比丘道恒在这个台上建造了灵仙寺。台西有河阳县府，台东有侍中侯刚的住宅。

市的西北有土山和鱼池，也是梁冀所挖筑。

这就是《汉书》中所记载的"挖土筑山，十里之内有九个斜坡，用来摹拟双峰的崤山"。

市东南有通商里和达货里。里内的居民都很精明，以屠宰和贩货为生，拥有巨万财产。

有一个叫刘宝的人，是最为富有的。他在各州、郡的闹市地带都建一座宅院，各养十匹马。至于盐、米的贵贱、买卖价格的上下，在他所控制的地方都是统一的。凡是车船可以通行的地方，凡是有人迹的地方，都有刘宝商贩的势力。所以，海内的各种货物，都汇聚于他的庭院。他的财产赛过铜山，家中藏着金穴；宅邸规模超出规定，楼阁台观高耸入云；马车、服饰比得上王侯贵族。

市南有调音里和乐律里。里内的居民善于吹拉弹唱，天下最好的乐师都出于其中。

有一个叫田僧超的人，善于吹笳，能够吹奏《壮士歌》《项羽吟》，博得征西将军崔延伯特别的爱赏。正光末年，高平县陷落于贼军之手，到处可见凶狠的官吏。贼军的部将万俟丑奴在泾州、岐州一带抢劫作恶，朝廷为此忧虑不安。于是皇帝诏令崔延伯统领步兵和骑兵万人，征讨万俟丑奴。崔延伯的部队从洛阳城西的张方桥出发，张方桥也就是汉代夕阳亭。当时公卿大臣在这里为崔延伯饯行，车马排列成行，崔延伯头戴高冠，身佩长剑，威武雄壮地走在前面，田僧超在后面吹奏着壮士曲，听到此曲的人之中，怯懦的人有了勇气，剑侠更想奋臂出击。崔延伯的胆略出众，威名早已为世人所知，他为国效力，达二十多年，攻城则没有一个城池能够保全，交战则没有一个敌阵不被击溃。因此，朝廷尽心尽意送他出征。每当对敌作战时，崔延伯常常让田僧超吹奏壮士之曲，身着甲胄的士兵无不受到鼓舞，踊跃作战。崔延伯单人匹马闯入敌阵，旁若无人，他的武勇冠绝三军，赫赫威名使边塞胡人震慑。在两年内，传来的捷报一个接着一个。万俟丑奴招募了一位射击能手，把田僧超射死，这使崔延伯悲伤痛惜。崔延伯身边的人都说，古代伯牙失去钟子期的悲痛，也不能超过他失去田僧超的悲痛。后来崔延伯被流矢所射中而阵亡，因此，五万人的部队顿时溃不成军。

　　市西有延酤里和治觞里。里内的居民大多以酿酒为业。

　　河东人刘白堕擅长酿酒。当盛夏六月，暑气灼人，他用口小腹大的瓦罐装酒，放在烈日下暴晒，经过十天以后，罐中的酒味不变，喝起来非常醇美，若喝醉了则经月不醒。京城里的中央机构的高官，派往外地做地方官时，这种酒当作馈赠品而带到远方，行程超过千里。因为它来自远方，所以叫"鹤觞"，也叫"骑驴酒"。永熙年间（公元五三二—五三四年），南青州刺史毛鸿宾携带这种酒赴任，路上遇到盗贼，盗贼喝了这种酒，随即醉倒，都被擒拿归案，因此这种酒又被叫作"擒奸酒"。当时在游侠中间流传着一句谚语："不畏张弓使刀，唯畏白堕春醪。"

市北有慈孝里和奉终里。里内的居民从事于出售棺材、租赁丧车。

有一位唱挽歌的叫孙岩，与妻子结婚已经三年，而妻子从来不脱衣服睡觉。孙岩对此感到奇怪，他等妻子睡着的时候，偷偷地解开她的衣服，发现全身长着三尺长的毛，像野狐狸的尾巴。孙岩感到恐惧，就把妻子休弃了。妻子临行前，用刀割下孙岩的头发而跑走。邻居们追赶时，她就变成一只狐狸，无法追上。从此以后，洛阳城中被割下头发的，共有一百三十多人。开始的时候，狐狸变成一位妇人，衣着华美，在路上行走。看见她而凑近取悦的人，都被割下头发。以至于当时若有妇女身穿漂亮衣服，人们都指着说是狐狸精。这是熙平二年（公元五一七年）四月的事，到了秋天就停止了。

另有阜财里和金肆里，有钱的人家都住在其中。以上一共是十个里，多数是工商买卖人。千金的房屋栉比，高高的楼阁林立；大门重重开启，阁道相通往来；彼此可以登临眺望。金银锦绣，也穿戴于奴婢的身上；山珍海味，也吃喝进仆人的口中。神龟年间（公元五一八—五二〇年），因为这些工商人家的享用超过了规制，朝廷作出决议，不准他们穿戴金银首饰、锦绣衣服。虽然立下了这项禁令，可是最终没有得到实施。

开善寺

原典

阜财里内有开善寺，京兆人韦英宅也。

英早卒，其妻梁氏不治丧而嫁，更纳河内人向子集为夫，虽云改嫁，仍居英宅。英闻梁氏嫁，白日来归，乘马将数人至于庭前，呼曰："阿梁！卿忘我耶？"子集惊怖，张弓射之，应弦而倒，即变为桃人，所骑之马，亦变为茅马，从者数人尽化为蒲人。梁氏惶惧，舍宅为寺。

南阳人侯庆有铜像一躯，可高丈余。庆有牛一头，拟货为金色，遇急事，遂以牛他用之。经二年，庆妻马氏忽梦此像谓之曰："卿夫妇负我金色久而不偿，今取卿儿丑多以偿金色焉。"马氏悟觉，心不遑安。至晓，丑多得病而亡。庆年五十，唯有一子，悲哀之声，感于行路。丑多亡日，像自有金色，光照四邻，一里之内，咸闻香气。僧俗长幼，皆来观睹。尚书左仆射元顺[①]闻里内频有怪异，遂改阜财里为齐谐[②]里也。

自延酤以西，张方沟以东，南临洛水，北达芒山，其间东西二里，南北十五里，并名为寿丘里，皇宗所居也。民间号为王子坊。

当时四海晏清，八荒率职，缥囊纪庆，玉烛③调辰。百姓殷阜，年登俗乐。鳏寡不闻犬豕之食，茕独不见牛马之衣。于是帝族王侯，外戚公主，擅山海之富，居川林之饶。争修园宅，互相夸竞。崇门丰室，洞户连房，飞馆生风，重楼起雾。高台芳榭，家家而筑，花林曲池，园园而有。莫不桃李夏绿，竹柏冬青。而河间王琛④最为豪首。常与高阳争衡，造文柏堂，形如徽音殿⑤，置玉井金罐，以五色绩为绳。妓女三百人，尽皆国色。有婢朝云，善吹篪，能为《团扇歌》《垄上声》⑥。琛为秦州刺史，诸羌外叛，屡讨之不降。琛令朝云假为贫妪，吹篪而乞。诸羌闻之，悉皆流涕，迭相谓曰："何为弃坟井，在山谷为寇也？"即相率归降。秦民语曰："快马健儿，不如老妪吹篪。"

琛在秦州，多无政绩，遣使向西域求名马，远至波斯国。得千里马，号曰追风赤骥。次有七百里者十余匹，皆有名字。以银为槽，金为环锁，诸王服其豪富。琛常语人云："晋室石崇，乃是庶姓，犹能雉头狐掖，画卵雕薪⑦，况我大魏天王，不为华侈。"造迎风馆于后园，窗户之上，列钱青琐，玉凤衔铃，金龙吐佩。素柰朱李，枝条入檐，伎女楼上，坐而摘食。琛常会宗室，陈诸宝器。金瓶银瓮百余口，瓯檠盘盒称是。自余酒器，有水晶钵、玛瑙琉璃碗、赤玉卮数十枚。作工奇妙，中土所无，皆从西域而来。又陈女乐及诸名马，复引诸王按行府库，锦罽珠玑，冰罗雾縠，充积其内，绣缬、䌷绫、丝彩、越葛、钱绢等，不可数计。琛忽谓章武王融⑧曰："不恨我不见石崇，恨石崇不见我。"融立性贪暴，志欲无限，见之叹惋，不觉生疾。还家卧三日不起。江阳王继⑨来省疾，谓曰："卿之财产，应得抗衡，何为叹羡，以至于此？"融曰："常谓高阳一人，宝货多于融，谁知河间，瞻之在前。"继笑曰："卿欲作袁术之在淮南，不知世间复有刘备也⑩。"融乃蹶起，置酒作乐。

于时国家殷富，库藏盈溢，钱绢露积于廊者，不可较数。及太后赐百官负绢，任意自取，朝臣莫不称力而去。唯融与陈留侯李崇负绢过任，蹶倒伤踝⑪。侍中崔光止取两匹。太后问："侍中何少？"对曰："臣有两手，唯堪两匹。所获多矣。"朝贵服其清廉。

经河阴之役，诸元歼尽，王侯第宅，多题为寺。寿丘里间，列刹相望，祇洹郁起，宝塔高凌。四月初八日，京师士女多至河间寺，观其廊庑绮丽，无不叹息，以为蓬莱仙室亦不是过。入其后园，见沟渎蹇产，石磴嶕峣，朱荷出池，绿萍浮水，飞梁跨阁，高树出云，咸皆唧唧，虽梁王兔苑想之不如也。

注释

① 元顺：当为任城王元澄之子（《魏书》卷十九中），详周氏《校释》。

② 齐谐：《庄子·逍遥游》曰："齐谐者，志怪者也。"为其所本。

③ 玉烛：《尔雅·释天》曰："四气和谓之玉烛。"

④ 河间王琛：《魏书》卷二十有传。高阳王之豪侈，见卷三高阳王寺条。

⑤ 徽音殿：依《元河南志》图，位于太极殿西。

⑥《团扇歌》《垄上声》：前者当为《乐府诗集》卷四十五所载《团扇郎歌》。后者当为同书卷二十一所载《陇头歌》、卷二十五《陇头流水歌》或卷八十五《陇上歌》之类。"垄"同"陇"字。

⑦ 画卵雕薪：《管子·侈靡》曰："雕卵然后沦之，雕薪然后爨之。"足见其为富者奢侈生活的写照。

⑧ 章武王融：《魏书》卷十九下有传。

⑨ 江阳王继：元乂之父，《魏书》卷十六有传。

⑩ 袁术之在淮南……复有刘备也：据《后汉书》卷一百五十《吕布传》，刘备领徐州，居下邳，与袁术相据于淮上，术欲引布击备，乃与布书曰："……术生年以来，不闻天下有刘备。"

⑪ **蹶倒伤踝**：《魏书·皇后胡氏传》记之为："崇乃伤腰，融至损脚。时人为之语曰：陈留章武，伤腰折股。"

译文

阜财里内有开善寺，原是京兆人韦英的住宅。

韦英早死，他的妻子没有为他办理丧事，就又嫁人，招河内人向子集为夫婿。虽说是改嫁，可仍然住在韦英的宅内。韦英听说梁氏再嫁，白天回来，骑马带着好几个人抵达庭前，喊道："阿梁，你忘了我吗？"向子集感到惊恐，开弓射箭，韦英被箭射中而倒下，马上变为桃木的偶人，所骑的马也变为茅扎的马，几位随从人员都化作蒲扎的人。梁氏惶恐不安，于是贡献此宅做了寺院。

南阳人侯庆有一尊铜佛像，高一尺丈有余。他有一头牛，打算卖牛来为佛像装饰成金色。因遇急事，就把牛作了别的用途。经过两年之后，侯庆的妻子马氏突然梦见这尊佛像对她说："你夫妇二人背弃了给我着金色的承诺，久久没有兑现，现在拿你的儿子丑多偿还欠我的金色。"马氏醒后，心情不胜焦虑。等到早晨，丑多得病身亡。侯庆已有五十岁，膝下唯有一子，因此悲哀的哭声，打动了过往的行人。丑多死的那一天，佛像自具金色，光芒照耀四邻，整个里内，都能闻到香气。僧俗长幼，全都前来观看。尚书左仆射元顺听说阜财里内频频发生怪异之事，于是就将阜财里改名为齐谐里。

从延酤里以西，张方沟以东，南边面临洛水，北边到达芒山，这其间东西长二里，南北长十五里，都称之为寿丘里，是皇族居住的地方。民间把它叫作王子坊。

那时天下太平，各地臣民都安分守职，有许多吉庆祥瑞的记录，一年四季风调雨顺。百姓富裕，五谷丰收，社会安宁。没听说鳏夫寡妇吃猪狗之食，没看见无依无靠的人穿牛马之衣。这里的皇亲国戚，占据山林河海富庶丰饶的自然条件，争相修建园林和宅邸，互相夸耀、攀比。门高室广，相互连通；高耸的馆阁好像有风从那里生成，重重的楼房就隐没于云雾之中。家家都筑有美榭，每个庭园都有花圃和形状弯曲有致的水池。没有什么地方不是夏天桃李浓绿成荫，冬天竹柏青翠苍劲。在王子坊中，河间王元琛是最豪奢的，他经常与高阳王元雍比阔，修造的文柏堂，形制就像皇宫内的徽音殿，又以玉砌井，用黄金做提水罐，用五色丝绦做井绳。家妓有三百人，都是国内绝美的女子。有一个婢女叫朝云，擅长吹篪，能演奏《团扇歌》《陇上声》。元琛任秦州刺史时，羌族各部落纷纷向朔外叛逃，屡次讨伐都没有使他们投降。元琛让朝云装扮成贫苦妇人模样，边吹篪，边行乞。羌族人听到篪声，都为之流泪，互相说："为什么要抛弃自己的祖坟，离乡背井，在山谷里做流寇呢？"随即都纷纷归顺投降。因而在秦州百姓中流传着这样的话："快马健儿，不如老妇吹篪。"

  元琛在秦州做刺史，没有多大的政绩。他派遣使者到西域去搜求名马，最远的地方到达波斯国。得到一匹千里马，取名为追风赤骥。其次有日行七百里的马五十多匹，各有名字。用白银做马槽，用黄金做马的环锁，诸侯王都佩服他的豪富。元琛常常对别人说："晋朝的石崇，出身平民，尚且能穿雉头和狐腋的皮毛做成的华贵衣服，吃的蛋上画着图案，烧的薪柴经过雕刻。何况我是大魏神圣的王族，这样做，不算是豪奢。"他在后园中建造了一座迎风馆，门窗上装饰着一排排钱币形状的金饰，衬托着青色图案；玉制的凤凰，口衔金铃，而环佩又巧妙地从金龙的口中吐出。白沙果、红李子，树枝伸进屋檐，乐工歌女在楼上坐着就可以摘取食用。元琛经常宴请皇族宗亲，陈列出各种各样的名贵器皿，金瓶、银瓮一百多口，高脚和无脚的盆盘等器皿也有这个数目。其余的酒器，有水晶钵、玛瑙琉璃碗、赤玉卮，共有几十只。这些器皿的做工都极奇妙，不是中国所出产，都来自西域。他还把歌舞伎和名马展示出来。又引导皇亲国戚依次参观府内仓库,库内堆满了织锦、珠玑,以及像冰一样凉爽的绫罗和像雾一样轻薄的绸布。还有绣缬、䌷绫、丝彩、越葛、钱绢等,更是数不胜数。元琛有一天突然对章武王元融说:"没有见到石崇,我不感到遗憾。我遗憾的是石崇没有见到我。"元融天性贪婪残暴,欲壑无底。他看到元琛的富豪,感叹自己不如他,不知不觉竟得了病,回家后有三天卧床不起。江阳王元继来看望他的病,对他说:"你的财产,应该是能比得上的。为什么还如此感叹羡慕?"元融说:"过去以为只有高阳王(元雍)的财宝比我多,哪里知道看见河间王的一切,却突然发觉自己落在后面。"元继笑着说:"你这是想做在淮南称帝的袁术,却不知世间还有一个刘备呢。"元融便立刻从床上跳起,摆酒作乐。

那时国家十分富有,国库的贮藏满得向外溢出,至于钱币、丝绢无遮无掩地堆积于廊檐下,更是多得无法清点。等到胡太后决定把绢赐给百官,各人可以任意拿走,结果朝中官员们都是量力而行,只有元融和陈留侯李崇因为背绢过多,超过了可以承受的力气,跌倒在地,脚踝受伤。侍中崔光仅拿了两匹绢,胡太后问他:"你为什么拿那么少?"崔光回答说:"我有两双手,仅能拿两匹。我所得到的,已是很多了。"朝中官员都钦佩他的清廉。

经过河阴事变之后，元姓的皇族被尔朱荣杀光，王侯的府第都改称为寺院。整个寿丘里内，寺院林立，宝塔高耸。当四月初八这一天，京城里的男男女女来到河间寺，看到游廊堂庑的华丽，无不为之惊叹，以为蓬莱仙境也不会胜过它了。进入后园，看到沟渠蜿蜒曲折，坡道气势险峻；红荷挺立于池中，绿萍漂浮于水面；凌空腾起的架桥连结两端的高阁，高大的树林直插云霄。人们都声声赞叹，想必西汉著名的梁王兔苑也将逊色于此。

追先寺

原典

追先寺，侍中尚书令东平王略[①]之宅也。

略生而岐嶷，幼则老成。博洽群书，好道不倦。神龟中为黄门侍郎。元乂专政，虐加宰辅，略密与其兄相州刺史中山王熙欲起义兵，问罪君侧。雄规不就，衅起同谋。略兄弟四人并罹涂炭，唯略一身逃命江左。萧衍素闻略名，见其器度宽雅，文学优赡，甚敬重之。谓曰："洛中如王者几人？"略对曰："臣在本朝之日，承乏摄官。至于宗庙之美，百官之富，鸳鸯接翼，杞梓成阴。如臣之比，赵咨所云②：'车载斗量，不可数尽。'"衍大笑。乃封略为中山王，食邑千户，仪比王子。又除宣城太守，给鼓吹一部，剑卒千人。略为政清肃，甚有治声。江东朝贵，侈于矜尚，见略入朝，莫不惮其进止。寻迁信武将军、衡州刺史。孝昌元年，明帝宥吴人江革，请略归国③。江革者，萧衍之大将也。萧衍谓曰："朕宁失江革，不得无王。"略曰："臣遭家祸难，白骨未收，乞还本朝，叙录存没。"因即悲泣。衍哀而遣之。乃赐钱五百万，金二百斤，银五百斤，锦绣宝玩之物，不可称数。亲帅百官送于江上，作五言诗赠者百余人。凡见礼敬如此。

比略始济淮，明帝拜略侍中、义阳王，食邑千户。略至阙，诏曰："昔刘苍好善，利建东平④；曹植能文，大启陈国⑤。是用声彪盘石，义郁维城⑥。侍中、义阳王略，体自藩华，门勋夙著，内润外朗，兄弟伟如。既见义忘家，捐生殉国，永言忠烈，何日忘之！往虽弛担为梁，今便言旋阙下，有志有节，能始能终。方传美丹青，悬诸日月。略前未至之日，即心立称，故封义阳。然国既边地，寓食他邑，求之二三，未为尽善。宜比德均封，追芳曩烈。可改封东平王，户数如前。"寻进尚书令、仪同三司，领国子祭酒，侍中如故。略从容闲

经典·5 卷四城西 239

雅，本自天资，出南入北，转复高迈。言论动止，朝野师模。建义元年薨于河阴，赠太保，谥曰文贞。嗣王景式舍宅为此寺。

注释

①　东平王略：《魏书》卷十九下有传。

②　赵咨所云：赵咨为汉末人，仕吴，官至都尉。建安二十五年（公元二二〇年）奉命使魏。魏文帝问曰："吴如大夫者几人？"咨答曰："聪明特达者，八九十人；如臣之比，车载斗量，不可胜数。"（《三国志·吴志·吴主权传》注）

③　明帝宥吴人江革，请略归国：徐州刺史元法僧据城南叛乱之际，萧衍派遣豫章王萧综镇徐州。而萧综投降于北魏，其长史江革等将士五千人成为北魏俘虏。明帝下令遣返江革等，因以征召元略。（《魏书》卷十九下）

④　刘苍好善，利建东平：刘苍为东汉光武帝第八子，封为东平王。苍好经术，曾与公卿共定南北郊冠冕车服制度。汉明帝问曰："处家何者最乐？"苍答曰："为善最乐。"（《后汉书》卷七十二）

⑤　曹植能文，大启陈国：曹植为曹操幼子，年十余岁，诵读诗论及辞赋数十万言。善属文。魏明帝太和

六年（公元二三二年）以陈四县封植，为陈王。(《魏志》卷十九）

⑥ **声彪盘石，义郁维城**：磐石与维城，均指王族在各地封为藩王，使中央集权的体制得以稳固。

译文

追先寺，位于寿丘里，原是侍中尚书令东平王元略的宅邸。

元略生来就很出色，年幼时已显得老成持重。博通群书，好道不倦。神龟年间任黄门侍郎。当元义垄断政权、对宰相下毒手之际，元略秘密地与他的哥哥中山王元熙一起，打算仗义起兵，向元义这个在君王左右的恶人问罪。然而这番雄图没有成功，反而在同谋者内部发生了纷争，元略的四个兄弟全部遇难，唯有元略只身逃命到江左。萧衍对元略的名声素有所闻，看到他器度宽弘优雅，富于文才学识，对他非常敬重。萧衍问他："洛中像您这样的人有几位？"元略回答说："臣在本朝的那些日子里，不过充数当一个官。说到宗庙制度的齐备，百官人才的充足，就好比鸳鸯羽翅相接、杞梓绿荫一片。像臣这样的人，用赵咨的话来形容，是'车载斗量，不能尽数'。"萧衍听后大笑。于是封元略为中山王，给予食邑千户，待遇相当于王子。又任命他为宣城太守，给予乐队一部和仪仗兵千人。元略行政清正严明，很有政治声誉。梁朝的达官大臣们过于骄矜自尊，但看见元略入朝，无不对他的举止表示敬畏。不久，元略转任信武将军、衡州刺史。孝昌元年（公元五二五年），明帝赦免吴人江革，以此作为交换，请求让元略回国。江革这个人是萧衍的大将。萧衍对元略说："朕宁愿失去江革，却不能没有中山王。"元略回答说："臣的家里遭遇灾难，亲人的白骨还没有埋葬。乞求让我回到本朝，料理生者与死者的事宜。"说完不禁悲泣泪下。萧衍哀怜地让他回国。于是赐给他五百万钱，二百斤金，五百斤银，锦绣珠宝等物品更是数不清。萧衍亲自带着百官到长江边送行，有一百多人作五言诗临别相赠。元略所受到的礼遇大凡如此。

　　元略才渡过淮河，明帝就任命他为侍中、义阳王，赐给食邑千户。元略来到朝廷，有诏书谓："过去刘苍（东平王）好善，有利地建成东平封地；曹植（陈思王）能文，大大地发扬陈国的声望。所以，他们的名声道义是磐石之宗和维城之族的荣耀。侍中、义阳王元略，其品德是诸侯的精萃，一门的功勋早已著称。他内润外朗，兄弟都很英俊。既然见义忘家，为国舍命，那种不朽的忠烈何日能忘！过去虽然一度在梁朝休闲，现在又返回朝廷，这堪称有志有节，善始善终。正应流芳史册，如同悬挂于日月上那样不可磨灭。元略稍前尚未抵达的时候，真诚求归，树立名节，因此封为义阳王。可是封地不仅边远，而且俸禄需靠其他郡邑提供。考虑过另外两三处地方，都不如意。应该依照德行选相称的封地，对昔日的功勋追加荣誉。可改封东平王，赐给食邑的户数同前。"不久，晋升为尚书令、仪同三司，兼任国子祭酒，侍中的职位不变。元略从容闲雅，出自天性，离开南方回到北方后，气度更加高迈，他的言论和行为成为朝野的楷模。建义元年（公元五二八年）在河阴逝世，追赠太保，谥文贞。继承王位的景式献出住宅作为此寺。

融觉寺

原典

融觉寺，清河文献王怿所立也。在阊阖门外御道南。有五层浮图一所，与冲觉寺①齐等。佛殿僧房，充溢三里。比丘昙谟最善于禅学，讲《涅槃》《华严》，僧徒千人。天竺国胡沙门菩提流支②见而礼之，号为菩萨③。

流支解佛义，知名西土，诸夷号为罗汉④，晓魏言及隶书，翻《十地》《楞伽》及诸经论二十三部。虽石室之写金言⑤，草堂之传真教⑥，不能过也。流支读昙谟最《大乘义章》⑦，每弹指赞叹，唱言微妙。即为胡书写之，传之于西域，西域沙门常东向遥礼之，号昙谟最为"东方圣人"⑧。

注释

① **冲觉寺**：亦由元怿所立，见本卷。

② **菩提流支**：《续高僧传》卷一有传。永平元年（公元五〇八年）至洛阳，住永宁寺，其后历二十余年，共译经三十九部一百二十七卷。（《历代三宝纪》卷九）

③ **菩萨**：有广、狭义之别。广义指佛教修行者，狭义指大乘佛教的杰出修行者。这里用后者。

④ **罗汉**：阿罗汉的略称。大乘佛教发达后，称呼小乘教的修习者为阿罗汉。但正如入矢氏《译注》所指出，这里称菩提流支为罗汉，是作为对究明佛学真髓者的敬称，不必限定于所谓"小乘佛教"。

⑤ **石室之写金言**：据《牟子理惑论》，东汉明帝遣使者于大月氏写佛经四十二章，藏在兰台石室第十四间。（《广弘明集》卷一）而据《出三藏记集》卷一，《四十二章经》乃大月氏国沙门竺摩腾所译。因

其为汉译佛典之始,其功甚伟,故此处取义于以竺摩腾为比。

⑥ **草堂之传真教**:指鸠摩罗什(公元三四四—四一三年)。据《高僧传》卷二、《魏书·释老志》,后秦弘始三年(公元四〇一年)自龟兹来游长安,为姚兴所敬,于长安草堂寺主持大规模的译场,将多部大乘经典译出。

⑦ **《大乘义章》**:其书已佚。前此,鸠摩罗什就庐山慧远之问,解答《般若经》的根本大义,而有《大乘大义章》传世。两者名同,但缺乏文献资料推究内容上有何关系。

⑧ **东方圣人**:据《魏书·释老志》,鸠摩罗什在西域之时,听说中国学僧道安的令名,"谓之东方圣人,或时遥拜致敬"。此处亦表示极高的敬意。

译文

融觉寺,是清河文献王元怿所建的。位于阊阖门外,御道之南。有一座五层佛塔,规模与冲觉寺的佛塔相同。佛殿僧房,布列于方圆三里之内。比丘昙谟最(参见卷二崇真寺)精于禅学,讲解《涅槃经》和《华严经》,僧人门徒有千人。天竺国的沙门菩提流支与他会面时致以敬礼,称他是"菩萨"。

　　流支了解佛教大义,在西域是知名人士,远方各国称他为"罗汉"。他通晓魏国话和隶书,翻译了《十地经》《楞伽经》等经论二十三部。在石室中译写金言的竺摩腾、在草堂寺传播真教的鸠摩罗什,都是不能超过他的。流支阅读昙谟最的《大乘义章》,连连弹指赞叹,大叫"微妙"。随即译成梵文,传向西域。西域沙门常常面向东方,向他遥拜,称昙谟最为"东方圣人"。

大觉寺

原典

　　大觉寺,广平王怀舍宅也。在融觉寺西一里许。北瞻芒岭,南眺洛汭,东望宫阙,西顾旗亭,神皋显敞,实为胜地。是以温子昇碑[①]云:"面水背山,左朝右市。"是也。

　　怀所居之堂,上置七佛[②]。林池飞阁,比之景明。至于春风动树,则兰开紫叶;秋霜降草,则菊吐黄花。名僧大德,寂以遣烦。永熙年中,平阳王[③]即位,造砖浮图一所。是土石之工，穷精极丽，诏中书舍人温子昇以为文也。

注释

① 温子昇碑：《艺文类聚》卷七十七收录其《大觉寺碑》，然缺此处所引"面山背水，左朝右市"两句。

② 七佛：释迦牟尼之前有六佛，释迦继六佛而成道，合称七佛。

③ 平阳王：出帝（孝武帝）元修，见卷一永宁寺条末、卷二平等寺条。

译文

大觉寺，是广平王元怀献出住宅所建的。在融觉寺西一里左右。北望芒岭，南临洛汭，东望宫阙，西临旗亭，是一处开敞的神区，真堪称为风景胜地。所以，温子昇碑文中所写的"面水背山，左朝（宫城）右市（洛阳大市）"，正是指此而言。

元怀所居住的堂上，安置七佛。林池飞阁，可与景明寺相比。当春风吹动树木的时节，兰草就舒展紫叶；当秋霜降临百草的时节，菊丛就绽开黄花。名僧大德，在此静居，以避开世俗烦扰。永熙年间（公元五三二—五三四年），平阳王元修即帝位后，建造了一座砖佛塔。这项土木工程竭尽精巧华丽之能事，并诏中书舍人温子昇写作了碑文。

永明寺

原典

永明寺，宣武皇帝①所立也。在大觉寺东。时佛法经像盛于洛阳，异国沙门，咸来辐辏，负锡持经，适兹乐土②。世宗故立此寺以憩之。房庑连亘，一千余间。庭列修竹，檐拂高松；奇花异草，骈阗阶砌。百国沙门，三千余人。

西域远者，乃至大秦国。尽天地之西垂，耕耘绩纺，百姓野居，邑屋相望。衣服车马，拟仪中国。

南中有歌营国③，去京师甚远，风土隔绝，世不与中国交通，虽二汉及魏，亦未曾至也。今始有沙门菩提拔陀④至焉。自云："北行一月，至句稚国⑤；北行十一日，至典孙国⑥；从典孙国北行三十日，至扶南国⑦。方五千里，南夷之国，最为强大。民户殷多，出明珠、金玉及水精珍异，饶槟榔。从扶南国北行一月，至林邑国⑧。出林邑，入萧衍国。"拔陀至扬州岁余，随扬州比丘法融来至京师。京师沙门问其南方风俗，拔陀云："古有奴调国⑨，乘四轮马为车，斯调国出火浣布⑩，以树皮为之，其树入火不燃。凡南方诸国，皆因城廓而居。多饶珍丽，民俗淳善，质直好义，亦与西国、大秦、安息、身毒诸国交通往来。或三方四方⑪，浮浪乘风，百日便至。率奉佛教，好生恶杀。"

寺西有宜年里，里内有陈留王景皓⑫、侍中安定公胡元吉⑬等二宅。

景皓者，河州刺史陈留庄王祄⑭之子。立性虚豁，少有大度。爱人好士，待物无遗。夙善玄言道家之业⑮，遂舍半宅安置佛徒，演唱大乘数部。并进京师大德超、光、眈、荣⑯四法师，三藏胡沙门菩提流支等咸预其席。诸方伎术之士，莫不归赴。时有奉朝请孟仲晖者，武威人也。父宾，金城太守。晖志性聪明，学兼释氏，四谛⑰之义，穷其旨归。恒来造第，与沙门论议，时号为玄宗先生。晖遂造人中夹纻像一躯，相好端严，希世所有，置皓前厅须弥宝座。永安二年中，此像每夜行绕其座，四面脚迹，隐地成文。于是士庶异之，咸来观瞩。由是发心者，亦复无量。永熙三年秋，忽然自去，莫知所之。其年冬，而京师迁邺。武定五年，晖为洛州开府长史，重加采访，寥无影迹。

出闾阖门城外七里，有长分桥。

中朝时以谷水浚急，注于城下，多坏民家，立石桥以限之，长则分流入洛，故名曰长分桥。或云：晋河间王在长安遣张方征长沙王[13]，营军于此，因名为张方桥也。未知孰是。今民间语讹，号为张夫人桥。朝士送迎，多在此处。

长分桥西，有千金堰。计其水利，日益千金，因以为名。昔都水使者陈勰所造。令备夫一千，岁恒修之。

注释

① **宣武皇帝**：除永明寺外，本书记其所立寺，尚有瑶光寺（卷一）、景明寺（卷三）。

② **适兹乐土**：《诗经·魏风·硕鼠》中有"适彼乐土"之句，为其所活用。

③ **歌营国**：故址在今南印度西部内陆的加因八多（Koimbatur）一带。

④ **菩提拔陀**：《魏书·释老志》作跋陀，曰："有西域沙门跋陀，有道业，深为高祖（孝文帝元宏）所敬信。诏于少室山阴，立少林寺而居之，公给衣供。"《续高僧传》卷十六则作佛陀禅师而有传。

⑤ **句稚国**：《吴时外国传》（《水经注》卷一引）、

《梁书·天竺传》作拘利。位于马来半岛西岸北纬十度泊沾河（Pakchan）一带。

⑥ **典孙国**：《梁书·扶南国传》中作顿逊国，其地东通交州，西接天竺，为东西交通要冲，贸易尤为发达。即今缅甸东南部，名为 Tenasserim 的海岸地带。

⑦ **扶南国**：以湄公河下游地域为中心，兴起于一二世纪至七世纪中叶的国家。详《梁书·扶南国传》。约即今柬甫寨与下南圻。

⑧ **林邑国**：东汉时为日南郡象林县，东汉末年至八世纪中为独立国家。唐代称占波。在今越南北境。

⑨ **奴调国**：《太平御览》卷七百九十引《南州异物志》所载姑奴国，距歌营国八千里。据载港口通商尤为发达。

⑩ **斯调国出火浣布**：斯调国，锡兰（今斯里兰卡）。火浣布，即石棉。

⑪ **三方四方**：方，即并船（《说文·方部》），也指竹木编成的筏。这里似指用多条船或筏合并起来，以作浮浪乘风的航行。

⑫ **陈留王景皓**：《北齐书》卷四十一有传。

⑬ **胡元吉**：名详，胡太后异母弟。《魏书》卷八十三有传。

⑭ **陈留庄王祚**：传见《北史》卷十五《魏诸宗室传》。

⑮ **玄言道家之业**：这里指玄妙的佛教。佛教传入中国初期，"道家"之称，不限于专指老庄之学或道教。

⑯ **超、光、瞩荣**：《魏书·释老志》中提到的僧超、惠光、智瞩、道荣四人。

⑰ **四谛**：又称四圣谛，即苦谛、集谛、灭谛、道谛。为佛教基本原理。

⑱ **晋河间王在长安遣张方征长沙王**：事又见《晋书》卷五十九《河间王颙传》及卷六十《张方传》。长沙王乂为晋惠帝时作乱的八王之一。

译文

永明寺，是宣武皇帝所建的。地处大觉寺的东边。当时洛阳的佛法大畅，佛经、佛像盛行，外国沙门从四方朝这里会聚，纷纷持锡杖、携经卷，来到这片乐土。所以，宣武皇帝就建造此寺让他们居住。僧房共有一千多间。庭院内修竹成排，高松拂檐；名花奇草，罗列于台阶。这里有来自一百多个国家的沙门三千多人。

西域路远的，要数大秦国（东罗马帝国）。在天地的最西边，耕耘纺织，百姓居住在原野，村落房屋彼此相望。他们的衣服车马与中国相似。

南方的中心有歌营国，离京城非常遥远，风土人情隔绝，世世代代不与中国交往，即使是在两汉以及魏朝，也没有来访者。如今才开始有沙门菩提拔陀的到来。据他自己说："向北行走一个月，到达句稚国；再向北行走十一天，到达典孙国；从典孙国向北行走三十天，到达扶南国。这个国家方圆五千里，在南夷各国中，最为强大。人口众多，出产明珠、金玉及水晶等珍奇物品，盛产槟榔。从扶南国向北行走一个月，到达林邑国。出林邑国，就进入萧衍的国家。"菩提拔陀到达扬州一年多以后，随扬州比丘法融来至京城。京城的沙门向他询问南方风俗，拔陀回答说："古时候有奴调国，乘坐四轮马车。又有斯调国，出产火浣布，是以树皮为原料做成的，而这种树投入火中却不燃烧。凡是南海各国，百姓居住在城郭中。其地盛产珠玉，民风淳朴，乐善好义，也与西方大秦、安息、身毒（印度）等国互通往来。有时将三只或四只筏合并，乘风漂浮，只需百天，便可到达。全都信奉佛教，怜悯生命而厌恶杀生。"

寺西有宜年里，里内有陈留王景皓、侍中安定公胡元吉两家住宅。

景皓，是河州刺史陈留庄王元祚之子。秉性豁达，年少时就表现出大度雅量。与人亲善，待人接物十分周到。早就具有对玄妙的佛学的修养，于是献出住宅的一半来安置佛徒，讲诵大乘经典。并且邀请京城大德超、光、睚、荣四位法师，以及西域的三藏沙门菩提流支（参见卷三融觉寺）参与法席。各地的方伎之士，也无不受到吸引。当时有一位奉朝请叫孟仲晖，是武威（今属甘肃）人，父亲孟宾是金城（今甘肃兰州）太守。晖为人聪明，学问兼修佛教，能究明四谛的义旨。他常常来访，与僧人讨论佛学，因而在当时被称为"玄宗先生"。孟仲晖于是就塑造了一尊等身大的干漆佛像，容颜端庄，为世间所罕见，安置在景皓的前厅的佛座上。永安二年（公元五二九年）中，此像每夜绕着这个宝座行走，四周的足迹显示为图纹。于是士庶感到奇怪，都前来观看。由此触发皈依佛门信念的人，更是多得无法计算。永熙三年（公元五三四年）秋，这尊佛像忽然自行离开，谁也不知其下落。这年冬天，就发生了京城迁邺的事。武定五年（公元五四七年），孟仲晖任洛州开府长史，再度加以查访，但毫无踪影。

从阊阖门出城外七里处，有长分桥。

中朝时，因谷水泛滥，倾注于城下，很多民房遭到毁坏，所以建造石桥以控制水流，若流量大就分流注入洛水，因此取名为"长分桥"。另有一种说法是：晋河间王在长安时，派张方讨伐长沙王，曾在此集结军队，所以叫"张方桥"。不知哪种说法正确。如今民间又错叫成"张夫人桥"。在京官员们送行或迎客，大多在此处进行。

长分桥西有千金堰。这项水利工程的好处,等于说是每天都获益千金,所以才如此命名。这是以前都水使者陈勰所建造的。配备劳力一千人,常年加以维修。

6 卷五城北

禅虚寺

原典

禅虚寺，在大夏门外，御道西。寺前有阅武场，岁终农隙，甲士习战，千乘万骑，常在于此。

有羽林马僧相，善角抵戏①，掷戟与百尺树齐等。虎贲张车渠，掷刀出楼一丈。帝亦观戏在楼，恒令二人对为角戏。

中朝时，宣武场在大夏门东北，今为光风园，苜蓿②生焉。

注释

① **角抵戏**：战国之时已有的一种角力之戏。

② **苜蓿**：一名怀风，因其花有光彩，也称光风，宜于饲马。

译文

禅虚寺，在大夏门之外，御道之西。寺前有练兵场，年终农闲时，士兵训练打仗，通常有千乘万骑汇集在这里。

有近卫兵马僧相，擅长角抵戏，投掷戟的高度与百丈树相等。还有宿卫兵张车渠，投掷刀高出楼一丈。帝也在楼中观看表演，常常令两人同时上场用角戏比赛。

中朝时，练兵场位于大夏门东北，而今变成光风园，园中生长着苜蓿。

凝玄寺

原典

凝玄寺，阉官济州刺史贾璨①所立也。在广莫门外一里御道东，所谓永平里也。

注②：即汉太上王广处。迁京之初，创居此里，值母亡，舍以为寺。

地形高显，下临城阙，房庑精丽，竹柏成林，实是净行息心之所也。王公卿士来游观为五言者，不可胜数。

洛阳城东北有上商里，殷之顽民所居处③也。高祖名闻义里。

迁京之始，朝士住其中，迭相讥刺，竟皆去之。唯有造瓦者止其内，京师瓦器出焉。世人歌曰："洛城东北上商里，殷之顽民昔所止。今日百姓造瓮子，人皆弃去住者耻。"唯冠军将军郭文远游憩其中，堂宇园林，匹于邦君。时陇西李元谦乐双声语④，常经文远宅前过，见其门阀华美，乃曰："是谁第宅？过佳！"婢春风出曰："郭冠军家。"元谦曰："凡婢双声！"春风曰："傪奴慢骂！"元谦服婢之能。于是京邑翕然传之。

注释

① **贾璨**：《魏书》卷九十四有传，作"夏璨"。

② **注**：本书体例，采用正文与子注相连属的结构法。但属于子注的内容，未必一一冠以"注"字。此处"注"字究为原书已有，或为后人所加，尚有可疑。

③ **殷之顽民所居处**：《水经注》谷水条曰："昔周迁殷民于洛邑，城隍逼狭，卑陋之所耳。"可互参。

④ **双声语**：声母相同的两字熟语。以下的对话全

由双声语组成，因古今语音发生变化，当然都应以古音才能读出。

译文

凝玄寺，是宦官济州刺史贾璨所建的。在广莫门外一里，御道之东，就是所谓永平里。

注：汉太上王广（疑为"庙"字）的故地。迁都于洛阳的当初，贾璨在此建造住宅，在其母去世之际，献出此宅做了寺院。

所在地形高而开阔，俯临宫城。寺内房屋精致华丽，竹柏成林，实在是适合坐禅修行的场所。王公卿士来此游览而作五言诗的，多得无法计算。

洛阳城东北有上商里，是殷朝的顽民所居住的地方。高祖定名为闻义里。

迁都于洛阳的当初，朝廷官员居住于其中，互相讥讽，结果大家都离开了这里。只剩下烧制瓦器的工匠尚住其中，这里成为京城瓦器的出产地。世间的人作歌谣说："洛阳城东上商里，殷之顽民昔所居。如今百姓烧瓦工，人皆弃去住者耻。"可是也有一个例外的，就是冠军将军郭文远从容地住在里内；所建造的堂屋和园林，能与王侯贵族相匹敌。当时陇西人李元谦爱好运用双声语，有一次从郭文远的宅邸前经过，看到门庭华丽，就说："是谁第宅？过佳！"婢女春风闻声从门内走出来说："郭冠军家。"李元谦说："凡婢双声！"春风说："僔奴慢骂！"李元谦叹服这位婢女的语言才能。于是京城里盛传此事。

原典

闻义里有敦煌人宋云宅。云与惠生俱使西域①也。

神龟元年十一月冬，太后遣崇立寺比丘惠生向西域取经，凡得一百七十部，皆是大乘妙典。初发京师，西行四十日，至赤岭②，即国之西疆也。皇魏关防，正在于此。赤岭者，不生草木，因以为名。其山有鸟鼠同穴。

异种共类，鸟雄鼠雌，共为阴阳，即所谓鸟鼠同穴③。

发赤岭西行二十三日，渡流沙，至吐谷浑国④。路中甚寒，多饶风雪，飞沙走砾，举目皆满，唯吐谷浑城左右暖于余处。其国有文字，况同魏。⑤风俗政治，多为夷法。

从吐谷浑西行三千五百里，至鄯善城⑥。其城自立王，为吐谷浑所吞。今城内主是吐谷浑第二息宁西将军，总部落三千，以御西胡。从鄯善西行一千六百四十里,至左末城⑦。城中居民可有百家,土地无雨,决水种麦,不知用牛,耒耜而田。城中图佛与菩萨,乃无胡貌。访古老,云是吕光伐胡⑧时所作。

从左末城西行一千二百七十五里,至末城⑨。城傍花果似洛阳,唯土屋平头为异也。

从末城西行二十二里,至捍𪾢城⑩。城南十五里有一大寺,三百余众僧。有金像一躯,举高丈六,仪容超绝,相好炳然,面恒东立,不肯西顾。父老传云:此像本从南方腾空而来,于阗国王亲见,礼拜,载像归,中路夜宿,忽然不见。遣人寻之,还来本处。王即起塔,封四百户以供洒扫。户人有患,以金箔贴像所患处,即得阴愈。后人于此像边造丈六像及诸像塔,乃至数千。悬彩幡盖,亦有万计,魏国之幡过半矣。幡上隶书,多云太和十九年、景明二年、延昌二年。唯有一幡,观其年号是姚兴时幡⑪。

从捍𪾢城西行八百七十八里,至于阗国⑫。王头着金冠,似鸡帻⑬,头后垂二尺生绢,广五寸,以为饰。威仪有鼓、角、金、钲,弓箭一具、戟二枝、槊五张。左右带刀,不过百人。其俗妇人裤衫束带,乘马驰走,与丈夫无异。死者以火焚烧,收骨葬之,上起浮图。居丧者翦发劈面,以为哀戚。发长四寸,即就平常。唯王死不烧,置之棺中,远葬于野,立庙祭祀,以时思之。

于阗王不信佛法。有胡商将一比丘名毗卢旃在城南杏树下，向王伏罪云："今辄将异国沙门来在城南杏树下。"王闻忽怒，即往看毗卢旃。旃语王曰："如来遣我来，令王造覆盆浮图⑭一所，使王祚永隆。"王言："令我见佛，当即从命。"毗卢旃鸣钟告佛，即遣罗睺罗变形为佛，从空而现真容。王五体投地，即于杏树下置立寺舍，画作罗睺罗像。忽然自灭，于阗王更作精舍笼之。今覆瓮之影，恒出屋外，见之者无不回向。其中有辟支佛靴，于今不烂，非皮非彩，莫能审之。

案：于阗国境，东西不过三千余里。

神龟二年七月二十九日入朱驹波国⑮。人民山居，五谷甚丰，食则面麦，不立屠煞。食肉者，以自死肉。风俗言音与于阗相似，文字与婆罗门同。其国疆界，可五日行遍。

八月初入汉盘陀国⑯界。西行六日，登葱岭山。复西行三日，至钵盂城。三日至不可依山。其处甚寒，冬夏积雪。山中有池，毒龙居之。昔有三百商人，止宿池侧，值龙忿怒，泛杀商人。盘陀王闻之，舍位与子，向乌场国学婆罗门咒，四年之中，尽得其术。还复王位，就池咒龙。龙变为人，悔过向王。王即徙之葱岭山，去此池二千余里。今日国王十三世祖。

自此以西，山路欹侧，长坂千里，悬崖万仞，极天之阻,实在于斯。太行、孟门⑰,匹兹非险;崤关、陇坂⑱,方此则夷。自发葱岭,步步渐高,如此四日,乃得至岭。依约中下,实半天矣。汉盘陀国正在山顶。自葱岭已西,水皆西流,世人云是天地之中。人民决水以种,闻中国田待雨而种,笑曰:"天何由可共期也?"城东有孟津河,东北流向沙勒⑲。葱岭高峻,不生草木。是时八月,天气已冷,北风驱雁,飞雪千里。

注释

① **云与惠生俱使西域**:以下为宋云与惠生两人的西行记录,学界一般简称之为《宋云行纪》,是杨衒之就《道药传》《宋云家记》《惠生行记》(三书已佚)的内容"并载"而来,作为东西交通史的早期资料,深受国内外学者重视。

② **赤岭**:在今西宁之西。唐开元二十二年(公元七三四年)所建《唐蕃分界碑》之处。

③ **所谓鸟鼠同穴**:这种现象历来有记录,如《汉书·地理志》曰:"陇西首阳县西南有鸟鼠同穴。"《尔雅·释鸟》曰:"鸟鼠同穴,其鸟为鵌,其鼠为鼵。"

④ **吐谷浑国**:由辽东鲜卑族人建立的国家,占据今青海省地域。

⑤ **其国有文字，况同魏**：因吐谷浑文字与汉字的异同，别无资料可证，故此句所指不甚详。

⑥ **鄯善城**：位于罗布泊湖南的绿洲之国，与隔湖相望的楼兰同为汉代通西域的要冲之地。

⑦ **左末城**：《魏书·西域传》及《水经注》河水条均作"且末"，《大唐西域记》卷十二作"沮沫"。相当于今新疆维吾尔自治区车尔成。

⑧ **吕光伐胡**：吕光，《魏书》卷九十五有传。仕前秦苻坚，官骁骑将军，建元十八年（公元三八二年）征讨西域，降服三十余国。

⑨ **末城**：关于确切地址，学界意见不甚一致。其为汉代以来丝绸之路上的一个小王国，则大致无疑。

⑩ **捍麼城**：捍麼，《汉书》及《水经注》河水条作"扜麼"。与《大唐西域记》卷十二所记媲摩城为同一地。

⑪ **姚兴时幡**：姚兴为后秦第二代君主（公元三九六—四一五年在位），执政期间，于隆兴佛教颇有实绩（迎鸠摩罗什至长安，大建寺塔，大兴译经之事）。因东晋僧法显（公元三三七—四二二年）西行求法始于公元三九九年，宋云所见姚兴时幡，据沙畹推断，当为法显所奉纳。(《宋云行纪笺注》)

⑫ **于阗国**：约纪元前二世纪兴起的国家，位于天山南路与西域南道要冲，对佛教东传起过重要作用。据

斯坦因探查,古都遗址在今和阗县治额里齐西七英里处。(《西域考古记》)

⑬ **鸡帻**:帻为头巾,其上或加冠,或不加冠,因状如鸡冠,故称鸡帻。

⑭ **覆盆浮图**:顶部为半球状的佛塔。

⑮ **朱驹波国**:又作朱俱波、遮句迦等,《大唐西域记》卷十二记为"斫句迦"。相当于今哈尔噶里克。

⑯ **汉盘陀国**:又作渴盘陀、喝盘陀等,《大唐西域记》卷十二记作"揭盘陀"。相当于今塔什库尔罕一带。

⑰ **太行、孟门**:皆山名。太行山跨河南、河北、山西三省,孟门山在河南省辉县西,位于太行之东。《吕氏春秋·上德篇》曰:"通乎德之情,则孟门、太行不为险矣。"

⑱ **崤关、陇坂**:崤关即崤山,因在函谷关东侧,故称崤关。陇坂在陕西省陇县西北,有连绵险峻的坡坂。

⑲ **沙勒**:汉代以后多称作疏勒。《大唐西域记》卷十二记作"佉沙"。相当于今喀什噶尔。

译文

闻义里内有敦煌人宋云的住宅。宋云是与惠生一起出使西域的。

经典·6 卷五城北 265

神龟元年（公元五一八年）十一月，时值冬季，胡太后派遣崇立寺比丘惠生前往西域取经，共获得一百七十部佛经，都是玄妙的大乘经典。从京城出发，西行四十天后，到达赤岭，也就是西部国境。大魏的边防关卡正设在这里。之所以叫赤岭，是因为这个地方不生草木。这个山岭有着鸟鼠同穴的现象。

异种动物结为同类的生活，雄鸟与雌鼠成为配偶，这就是所谓鸟鼠同穴。

从赤岭出发，西行二十三天，渡过流沙，就到达吐谷浑国。途中天气非常寒冷，风多雪多，迎面尽是飞沙走砾，只有吐谷浑城附近比其余地方温暖。这个国家有文字，其形态类似于魏。而风俗与政治，则大多是夷狄的一套。

从吐谷浑西行三千五百里，就到达鄯善城。这座城曾经自立君王以示独立，后被吐谷浑所吞并。现在的城主是吐谷浑王的次子宁西将军，统领三千个部落，以防御西方的胡人。从鄯善城西行一千六百四十里，到达左末城。城中居民大约有一百户。这个地方干旱无雨，靠引水种麦，不知道使用牛，而用耒耜耕作。城中有佛与菩萨的画像，可是看不出什么胡人的仪容。访问年长的人，说是吕光征伐胡人的时候所作。

从左末城西行一千二百七十五里，到达末城。城附近所生长的花果类似于洛阳，只有土筑的平顶房屋是特异的。

从末城西行二十二里，到达捍麽城。城南十五里处，有一座大寺，容纳三百多位僧人。有一尊金佛像，高达一丈六尺，仪容超凡脱俗，神光焕发。总是面向东方站立，不愿朝西顾盼。父老们相传说：此像本是从南方腾空飞来，于阗国的国王亲眼看见，致以礼拜，并将此像用车载回，然而途中投宿的夜晚，却忽然不见了。派人寻找，则发现回到原先的地点。国王就在那里造塔，封四百户人家专供洒扫。这些人家若有人患病，以金箔贴在佛像相应的部位后，就灵验般地治愈。后来的人在这尊佛像旁边又建造了一丈六尺的佛像以及各种像和塔，以至数量多达好几千。垂下彩条的幡盖也有上万个，其中半数以上是魏国的。幡上有隶书体的字，大多写的是太和十九年（公元四九五年）、景明二年（公元五〇一年）、延昌二年（公元五一三年）之类。只有一幡，从幡上所写的年号看，是姚兴时的幡。

从捍麽城西行八百七十八里，到达于阗国。国王头戴金冠，形似鸡帻，脑后垂着二尺长的生绢，宽为五寸，作为一种装饰。仪仗队有鼓、角笛、金、钲，加上一副弓箭、两支戟、五张槊，左右带刀的人员不超过百人。这里的风俗是，妇女穿的衫裤上束着带子，骑马奔驰，与男子没有什么不一样。人死后以火焚烧，将残骨收葬，并在葬地建造佛塔。服丧的人则剪头发割伤面部，以表示哀戚之情。等到头发长到四寸长，就恢复平常。只有国王死后不烧，安置在棺材中，葬于远处的原野，并在那里建庙祭祀，定时举行以表示追思。

于阗国王不信佛法。有一位胡商带着一名叫毗卢旃的比丘来到城南杏树下，向国王请罪说："今天冒昧地带异国沙门来到城南杏树下。"国王听说后立即发怒，马上去看毗卢旃。旃对国王说："如来派我来，传令国王造一座覆盆佛塔，使王业得以永远光隆。"国王说："让我看见佛，我当然就遵命。"毗卢旃敲钟报告佛，佛立即派罗睺罗变形为佛，从空中现出真容。国王五体投地，马上在杏树下建置寺舍，描画罗睺罗的图像。可是图像忽然自动消失，于阗国王又作精舍加以笼罩。现在覆盆的影子总是伸出屋外，看到的人无不为之频频回头。其中有辟支佛靴，至今不腐烂，材料既非皮又非綵，没人能了解其中的奥秘。

案：于阗领土，从东至西不过三千多里。

神龟二年（公元五一九年）七月二十九日进入朱驹波国。国民住在山上，五谷的收成非常好，主食为麦面，禁止搞屠宰。吃肉的人，吃的是自然而然死去的动物。这里的风俗，口语与于阗相似，书写文字与婆罗门相同。这个国家的疆域，五天可以游遍。

八月初进入汉盘陀国境。西行六天，登上葱岭山脉。再西行三天，到达钵盂城。三天后到达不可依山。这个地方非常寒冷，冬夏积雪。山中有池，毒龙卧于其中。从前有三百个商人，在池边夜宿，碰上毒龙发怒，全部遇害。盘陀国王听说此事后，让位给儿子，自己则前往乌场国学习婆罗门的咒术，四年之内全部学到手。回国后，恢复王位，对着池向龙施行咒术。结果龙变为人，向王忏悔过失。王随即将它流放到葱岭山，距离这个池达两千多里。这位王是现任国王的十三世祖。

从不可依山以西，山路险峻，长坂千里，悬崖万仞，比登天还难的险阻，正横亘在面前。太行、孟门，不足以匹比此地的险峻；崤关、陇坂，相比之下会觉得像平地。从葱岭出发，地势步步渐高，这样行走四天，才能到达主峰。看上去还不到山腰，其实已经升上天高的一半。汉盘陀国都正位于山顶。从葱岭以西，河水都向西流去。世人都说这里是天地的中心。居民引水种植。他们听说中国的农田是等待天雨而种的，笑着说："天怎么可以让你期待下雨呢？"城东有孟津河，东北流向沙勒。葱岭高峻，不生草木。那时正当八月，可是已进入寒冷天气，北风驱逐着飞雁，飞雪千里。

原典

九月中旬入钵和国①。高山深谷,崄道如常。国王所住,因山为城。人民服饰,唯有毡衣。地土甚寒,窟穴而居。风雪劲切,人畜相依。国之南界有大雪山,朝融夕结,望若玉峰。

十月之初,至嚈哒国②。土田庶衍,山泽弥望。居无城郭,游军而治。以毡为屋,随逐水草,夏则随凉,冬则就温。乡土不识,文字礼教俱阙。阴阳运转,莫知其度,年无盈闰,月无大小,周十二月为一岁。受诸国贡献,南至牒罗,北尽敕勒③,东被于阗,西及波斯,四十余国皆来朝贡。王居大毡帐,方四十步,周回以氍毹为壁。王着锦衣,坐金床,以四金凤凰为床脚。见大魏使人,再拜跪受诏书。至于设会,一人唱,则客前后唱,则罢会。唯有此法,不见音乐。

嚈哒国王妃亦着锦衣,长八尺奇,垂地三尺,使人擎之,头带一角,长三尺,以玫瑰五色珠装饰其上。王妃出则舆之,入坐金床,以六牙白象四狮子为床,自余大臣妻皆随。伞头亦似有角,团圆垂下,状似宝盖。观其贵贱,亦有服章。四夷之中,最为强大。不信佛法,多事外神。煞生血食,器用七宝。诸国奉献,甚饶珍异。

按：嚈哒国去京师二万余里。

十一月初入波知国④。境土甚狭，七日行过。人民山居，资业穷煎，风俗凶慢，见王无礼。国王出入，从者数人。其国有水，昔日甚浅，后山崩截流，变为二池。毒龙居之，多有灾异。夏喜暴雨，冬则积雪，行人由之，多致艰难。雪有白光，照耀人眼，令人闭目，茫然无见。祭祀龙王，然后平复。

十一月中旬入赊弥国⑤。此国渐出葱岭，土田嶢崅，民多贫困。峻路危道，人马仅通。一直一道，从钵卢勒国⑥向乌场国⑦。铁锁为桥，悬虚而度，下不见底，旁无挽捉，倏忽之间，投躯万仞。是以行者望风谢路耳。

十二月初入乌场国。北接葱岭，南连天竺，土气和暖，地方数千里。民物殷阜，匹临淄之神州⑧；原田膴膴，等咸阳之上土。鞞罗施儿⑨之所，萨埵投身⑩之地，旧俗虽远，土风犹存。国王精进⑪，菜食长斋，晨夜礼佛，击鼓吹贝，琵琶、箜篌、笙、箫备有。日中已后，始治国事。假有死罪，不立杀刑，唯徙空山，任其饮啄。事涉疑似，以药服之，清浊则验。随事轻重，当时即决。土地肥美，人物丰饶，五谷尽登，百果繁熟。夜闻钟声，遍满世界。土饶异花，冬夏相接，道俗采之，上佛供养。国王见宋云云大魏使来，膜拜受诏书。闻太后崇奉佛法，即面东合掌，遥心顶礼。遣解魏语人问宋云曰："卿是日出人也？"宋云答曰："我国东界有大海水，日出其中，实如来旨。"王又问曰："彼国出圣人否？"宋云具说周、孔、庄、老之德；次序蓬莱山上银阙金堂⑫，神仙圣人并在其上；说管辂⑬善卜、华陀⑭治病、左慈⑮方术，如此之事，分别说之。王曰："若如卿言，即是佛国。我当命终，愿生彼国。"

宋云于是与惠生出城外，寻如来教迹。水东有佛晒衣处⑯。初，如来在乌场国行化，龙王瞋怒，兴大风雨，佛僧迦梨表里通湿。雨止，佛在石下东面而坐，晒袈裟。年岁虽久，彪炳若新。非直条缝明见，至于细缕亦彰。乍往观之，如似未彻，假令刮削，其文转明。佛坐处及晒衣所，并有塔记。

水西有池，龙王居之。池边有一寺，五十余僧。龙王每作神变，国王祈请，以金玉珍宝投之池中，在后涌出，令僧取之。此寺衣食，待龙而济。世人名曰龙王寺。

王城北八十里，有如来履石之迹⑰，起塔笼之。履石之处，若践水泥。量之不定，或长或短。今立寺，可七十余僧。塔南二十步，有泉石。佛本清净，嚼杨枝，植地即生，今成大树，胡名曰婆楼。

城北有陀罗寺，佛事最多。浮图高大，僧房逼侧，周匝金像六千躯。王年常大会⑱，皆在此寺。国内沙门，咸来云集。宋云、惠生见彼比丘戒行精苦，观其风范，特加恭敬。遂舍奴婢二人，以供洒扫。

去王城东南，山行八日，如来苦行投身饲饿虎之处。高山龒嵷，危岫入云。嘉木灵芝，丛生其上。林泉婉丽，花彩曜目。宋云与惠生割舍行资，于山顶造浮图一所，刻石隶书，铭魏功德。山有收骨寺，三百余僧。

王城南一百余里，有如来昔在摩休国剥皮为纸、拆骨为笔处[19]。阿育王起塔笼之，举高十丈。拆骨之处，髓流着石，观其脂色，肥腻若新。

王城西南五百里，有善特山。甘泉美果，见于经记。山谷和暖，草木冬青。当时太簇御辰，温炽已扇；鸟鸣春树，蝶舞花丛。宋云远在绝域，因瞩此芳景，归怀之思，独轸中肠，遂动旧疹，缠绵经月，得婆罗门咒，然后平善。

山顶东南，有太子石室，一口两房。太子室前十步，有大方石，云太子常坐其上。阿育王起塔记之。塔南一里，太子草庵处。去塔一里，东北下山五十步，有太子男女绕树不去，婆罗门以杖鞭之流血洒地处，其树犹存。洒血之地，今为泉水。室西三里，天帝释化为师子，当路蹲坐遮嫚妷[20]之处。石上毛尾爪迹，今悉炳然。阿周陀窟[21]及闪子[22]供养盲父母处，皆有塔记。

山中有昔五百罗汉床，南北两行，相向坐处，其次第相对。有大寺，僧徒二百人。太子所食泉水北有寺，恒以驴数头运粮上山，无人驱逐，自然往还。寅发午至，每及中餐。此是护塔神湿婆[23]仙使之然。

昔日有沙弥常除灰，因入神定，维那挽之，不觉皮连骨离，湿婆仙代沙弥除灰处。国王与湿婆仙立庙，图其形像，以金傅之。

隔山岭有婆奸寺，夜叉所造。僧徒八十人。云罗汉、夜叉常来供养，洒扫取薪。凡俗比丘，不得在寺。大魏沙门道药[24]至此礼拜而去，不敢留停。

至正光元年四月中旬，入乾陀罗国[25]。土地亦与乌场国相似。本名业波罗国，为嚈哒所灭，遂立敕勤[26]为王，治国以来，已经二世。立性凶暴，多行杀戮，不信佛法，好祀鬼神。国中人民，悉是婆罗门种，崇奉佛教，好读经典，忽得此王，深非情愿。自恃勇力，与罽宾争境，连兵战斗，已历三年。王有斗象七百头，一负十人，手持刀楂，象鼻缚刀，与敌相击。王常停境上，终日不归，师老民劳，百姓嗟怨。

宋云诣军，通诏书，王凶慢无礼，坐受诏书。宋云见其远夷不可制，任其倨傲，莫能责之。王遣传事谓宋云曰："卿涉诸国，经过险路，得无劳苦也？"宋云答曰："我皇帝深味大乘，远求经典，道路虽险，未敢言疲。大王亲总三军，远临边境，寒暑骤移，不无顿弊？"王答曰："不能降服小国，愧卿此问。"宋云初谓王是夷人，不可以礼责，任其坐受诏书。及亲往复，乃有人情，遂责之曰："山有高下，水有大小，人处世间，亦有尊卑，嚈哒、乌场王并拜受诏书，大王何独不拜？"王答曰："我见魏主则拜，得书坐读，有何可怪？世人得父母书，犹自坐读，大魏如我父母，我亦坐读书，于理无失。"云无以屈之。遂将云至一寺，供给甚薄。时跋提国㉗送狮子儿两头与乾陀罗王，云等见之，观其意气雄猛，中国所画，莫参其仪。

注释

① 钵和国：一名护密，又名达摩恶铁帝，相当于今和罕（Wakhan）溪谷一带。

② 嚈哒国：《魏书》作"嚈达"。为当时游牧大国，《魏书》记西域康居、于阗、沙勒、安息等三十余国皆受其统属。

③ 敕勒：一作狄历，又因常用高轮之车，而称高车。

④ 波知国：《魏书》及《北史》二书中的《西域传》关于波知国的记述，与本书记事大致相同。

⑤ 赊弥国：《魏书·西域传》记其国在波知国之南。《大唐西域记》记作"商弥国"。关于此国，日本学者内田吟风从《太平寰宇记》卷一百八十六赊弥国条辑

得《宋云行纪》佚文数句。（载《冢本博士颂寿纪念佛教史学论集》，一九六一年）

⑥ **钵卢勒国**：《大唐西域记》卷三、卷十二记作钵露罗国。在今之 Yassin 与 Gilgit 流域。

⑦ **乌场国**：见卷四法云寺条。与下文记载相关，《太平寰宇记》卷一百八十三乌场国条，有《宋云行纪》佚文数句（同上内田氏论文）。

⑧ **临淄之神州**：临淄（今属山东省）为古代齐国都城，《史记·苏秦列传》载苏秦游说齐宣王曰："临淄甚富而实。……家殷人富，志高气扬。"神州：一指中国，一指都城。此处偏于后义，与下句"上土"对应，同为赞词。

⑨ **鞞罗施儿**：鞞罗，汉译别名为须大拏太子，原义为善施或善与。其施儿故事见《六度集经》卷二、《太子须大拏经》等。

⑩ **萨埵投身**：萨埵即菩提萨埵的略称，为释尊成佛前的名号。投身，指以身饲虎，为释尊本生故事之一。见《六度集经》卷一、《菩萨本行经》卷下、《贤愚经》卷一等。

⑪ **精进**：成佛的基本功夫有布施、持戒、忍辱、精进、禅定、智慧，称为六度。能持善乐道，不自放逸，即为精进。

⑫ **蓬莱山上银阙金堂**：《汉书·郊祀志》曰："（蓬莱、方丈、瀛州）三神山者，其传在渤海中，去人不远，盖尝有至者，诸仙人及不死之药皆在焉。其物禽兽尽白，而黄金银为宫阙。"

⑬ **管辂**：三国时魏人。《魏志》卷二十九有传。

⑭ **华陀**：东汉人。《魏志》卷二十九及《后汉书》卷一百一十二下有传。

⑮ **左慈**：东汉人。《后汉书》卷一百一十二下有传。

⑯ **佛晒衣处**：下文所记内容，《大唐西域记》卷三乌仗那国条记录更详。《法显传》中也已提到此晒衣石。斯坦因《西行考古记》中有实地探访报告及照片。

⑰ **如来履石之迹**：《法显传》及《大唐西域记》卷三亦有记载。斯坦因亦有实地报告（同上）。

⑱ **年常大会**：《法显传》竭叉国条所谓五年大会、《大唐西域记》卷一屈支国条所谓五年一大会。又称无遮会，每隔五年（大都在春季）举行的大斋会。

⑲ **如来……剥皮为纸、拆骨为笔处**：亦释尊本生故事之一，见《贤愚经》卷一、《大智度论》卷十六、《菩萨本行经》卷下等。善特山，即佛本生故事中的檀特山。

⑳ **嫚妳**：须大拏太子之妃。太子将儿女施与婆罗门时，嫚妳恰外出，恐有变故，取道急归。天帝释恐其

于太子布施行有妨，遂化为狮子，断其归路。(《太子须大拏经》)

㉑ **阿周陀窟**：仙人阿周陀所居石窟，据说须大拏太子曾师事过这位仙人。

㉒ **闪子**：又作睒子，睒摩迦的略称。其孝养盲父母之事，见《六度集经》卷五、《杂宝藏经》卷一、《睒子经》等。

㉓ **湿婆**：印度教三大神之一，具备破坏与恩惠两极的神力。

㉔ **大魏沙门道药**：《释迦方志》卷二曰："后魏太武（公元四二四—四五二年）末年沙门道药从疏勒道入，经悬度，到僧迦施国。及返，还寻故道。著《传》一卷。"所著《道药传》，本书前后引用七次，他书未见著录或引用。

㉕ **乾陀罗国**：为从中亚进入印度平原的要道，相当于今西巴基斯坦北部白沙瓦地域。

㉖ **敕勤**：用来指称可汗（国君）的近侍。

㉗ **跋提国**：嚈哒国，由缩译国都拔底延（Baktria，即今 Balkh）之名而指称其国。

译文

九月中旬进入钵和国。山高谷深,险峻的道路就像家常便饭。国王的所在,利用山势作为都城。国民的服饰,只有毡衣而已。地面非常寒冷,因而掘洞穴而居住。风雪强劲严酷,因而人畜相依取暖。国境南端有大雪山,早晨融化晚上冻结,远远眺望,就像玉峰。

在十月初,到达嚈哒国。田地肥沃广袤,山泽一望无际。人民不是筑城而居,是以游牧的方式治国。用毡子搭盖帐篷,追随水草而迁移,夏天则迁往凉爽的区域,冬天则投奔温和的区域。没有什么乡土的意识,也没有文字、礼教。随大自然阴阳运转,可是并不了解其规律;年不分闰否,月不分大小,满十二个月就算一年。接受各国的进贡,南到牒罗,北到敕勒,东达于阗,西达波斯,四十多个国家都来朝贡。国王居住在大毡帐中,面积四十步见方,四周以毛毡为壁。国王穿锦衣,坐金床,床脚由四只金凤凰支撑。会见大魏使者,行两次拜礼,跪着接受诏书。当设宴聚会之际,表演形式是一人歌唱,宾客陆续唱和,唱完就结束宴会。只有这种表演法,未见有音乐。

嚈哒国的王妃也穿锦衣,长度超过八尺,拖垂在地有三尺,需要让人托起。头带角帽,角有三尺高,上面缀饰着玫瑰（红宝石）和五色珠宝。王妃外出则乘舆，回宫则坐金床。她的金床是用长着六颗牙的白象和四头狮子装饰成的，其他大臣的妻子都随侍左右。罩在金床上伞形顶部也有角，由角向四周垂下，形状类似于宝盖。从服饰上能反映身份的高低。这个国家在四周的少数民族中，最为强大。不信佛教，大多崇奉异教之神。杀生吃肉，使用七宝器皿。各国的贡品中，珍奇的东西非常多。

按：嚈哒国距京城两万多里远。

十一月初进入波知国。领土非常狭小，七天时间就能走到尽头。国民住在山上，生活极为穷困。风俗野蛮，与国王会见也没有任何礼仪。国王出入，随从只有几个人而已。境内有河流，以前很浅，后来因山崩截断水流，变成两个池塘，毒龙游息于其中，因而常常发生不测之灾。夏天总是暴雨连天，冬天则是积雪满地，行人通过这里，多感艰难。积雪射出刺眼的白光，令人睁不开眼，茫茫然什么也看不清。自从祭祀龙王以后，也就相安无事了。

十一月中旬进入赊弥国。这个国家渐渐远离葱岭山脉，土地干硬，居民大多贫困。道路险峻，仅容人马通行。直线似的一条路从钵卢勒国通向乌场国，途中凌空悬起铁桥，下不见底，旁无扶栏，一个闪失，就将投身于万丈深渊。因此行人闻风丧胆，纷纷退却，不敢前行。

十二月初进入乌场国。北接葱岭，南连天竺，气候温和，领土有数千平方里。人口多，物资丰富，可以与古都临淄匹敌；田野肥沃，不差于咸阳的上等土壤。这里是鞞罗将亲子用作施舍、菩提萨埵投身虎口的地方，虽然是古老的习俗，但在当地的民风中依然得以保留。国王精进不怠，素食洁斋，在早晚向佛礼拜的仪式中，击鼓吹贝，琵琶、箜篌、笙、箫等乐器也应有尽有。中午以后，开始处理国事。对于罪该偿命的人，不实行死刑的处罚，只是流放到荒山中，与鱼鸟为伍。断案如遇真伪难辨时，让当事人服药，谁是谁非就可验出。不论事务轻重，都是当下做出决断。土地肥沃，人口众多，物产富饶，五谷丰登，百果繁熟。夜间梵钟传响，在天地之间悠然回荡。这里的土质适宜许多奇花异卉的生长，一年四季花开不断，被出家人和在家人采来供佛。见宋云自称"大魏使者前来"，国王应声膜拜，接受诏书；听说太后崇信佛法，国王于是面东合掌遥致敬礼。安排通解魏语的人向宋云询问："你是日出之地的人吗？"宋云回答说："我国东临大海，日出其中，诚如你所设想的那样。"国王又发问："那个国家出圣人吗？"宋云为他一一介绍周公、孔子、庄子、老子的德行；接着叙述蓬莱山上的银宫金堂，神仙与圣人同在其中；关于管辂善于占卜、华陀精于治病、左慈神于方术之类的事情，也都分别加以介绍。国王说："如果是像你所说的情形，那正是佛国。当我生命完结的时候，愿转世再生于那个国度。"

于是宋云与惠生出城外，寻找如来传教的遗迹。河东有佛晒衣处。当初如来在乌场国传布佛法时，龙王发怒，风雨大作，佛穿的夹层法衣里外湿透。雨停后，佛在石下朝东而坐，袈裟晾晒于石上。年代虽然相隔甚远，可是袈裟的痕迹还焕然如新，不但直的线缝相当明显，而且细细的针脚也清楚可见。乍看上去，似乎未受过多年风雨的剥蚀；如果稍加刮削的话，表面的图纹就变得分外清晰。佛坐处及晒衣处，都有塔记。

河西有池，是龙王的住处。池旁有一所寺院，僧徒五十多人。每逢龙王作怪，国王都做祈祷，将金玉珍宝投入池中。其后，这些东西浮出水面，让僧人捞取。这所寺院就这样靠龙王而维持生计。世人称它为龙王寺。

王城向北八十里，有印着如来足迹的石头，建塔加以笼罩。石头上的足迹，好像踩过泥水。测量起来，或长或短，没有一个确定的尺码。现已建寺，有七十多位僧人。塔南二十步，有泉石。佛本来清净，所嚼的杨柳枝，插入土中立即成活，现已长成大树，梵语称之为婆楼。

城北有陀罗寺,这里佛像最多。佛塔高大,僧房相接。围满了金佛像,共达六千尊。国王的年常大会,都在此寺举行,国内所有的沙门云集于此。宋云、惠生目睹那些比丘戒行精苦,对于他们的风范尤为崇敬。于是留下两名奴婢,以供洒扫之用。

离开王城向东南方山行八天,到达如来投身饲虎的苦行地。高山耸立,峰柱入云。山峦上嘉树、灵芝丛生,林泉秀丽,花色鲜亮。宋云与惠生割舍旅资,在山顶造了一座塔,用隶书刻石,铭记大魏的功德。山中有收骨寺,寺内有三百多位僧人。

王城南一百多里处,有如来过去在摩休国剥皮为纸、断骨为笔的场所。阿育王建起十丈高的塔,将古迹维护起来。折断骨头的地方,因流出的骨髓沾染在石头上,表面的光泽看上去还是滑腻如新。

王城西南五百里处,有善特山。有关甘泉美果的记载,已见于有关经籍。山谷气候温和,草木经冬犹绿。当时虽正值正月,却已吹送暖风;鸟鸣春树,蝶舞花丛。宋云身在遥远阻绝的异域他乡,因为目睹这一片芳菲的景色,内心深处受到思乡之情的煎熬,竟至旧病复发,病魔缠体历时一个多月,后来求助于婆罗门咒术,才得以康复。

山顶东南，有太子石室，一个进口内分作两间房。石室前十步，有大方石，据说太子经常坐在上面。阿育王造塔铭记此事。塔南一里处，是太子草庵。距塔一里，从东北方位下山五十步处，发生过太子的儿女将身体缠绕在树上，不肯随婆罗门离开，遭到婆罗门的鞭打，以至流血洒地的事情。那棵树至今还在，而血洒过的土地，现已变成泉水。太子石室西侧三里，是天帝释化为狮子、当路蹲坐以阻挡嫚妭返回之处。石头上残留的毛、尾、爪等痕迹，至今还很清晰。另外，阿周陀窟与闪子侍奉双目失明的父母之处，都有塔记。

过去的五百罗汉的禅床也在山中，排列成南北两行，依次相对而坐。有大寺，寺内僧徒二百人。太子饮用过的泉水之北，也有寺，通常用几匹驴马运粮上山，无须人赶驾，而是自动地往还。寅时出发，午时送到，常常不误午餐。据说这是护塔神湿婆仙的神力所致。

从前，这所寺内有沙弥，常常扫除灰尘。一次，当他进入禅定境界时，被维那推拉，没料到竟然导致皮连骨离。因而湿婆仙代替沙弥扫除灰尘。国王在此处为湿婆仙建庙，画出他清扫的形象，并贴上金箔。

隔着山岭，有婆玕寺，为夜叉所建。寺内有僧徒八十人。据说罗汉、夜叉常常前来供养，或是洒扫，或是拾柴。那时世俗人和比丘一律不准逗留寺内。大魏沙门道药来到这里，致以礼拜后就转身离去，不敢停留。

到了正光元年（公元五二〇年）四月中旬，进入乾陀罗国。土地的情况与乌场国相似。本来叫业波罗国，为嚈哒国所灭，于是就立敕勤为王，治理国家，至今已历经二世。国王秉性凶残，动辄杀人，不信佛法，好祀鬼神。而国民都是婆罗门种，崇拜佛教，好读经典。他们突然遇到这样的国王，大失所望。国王自恃武勇，与罽宾争夺国境，战争已持续三年。国王有用于战斗的大象七百头，每头可背负十人。骑象人手执刀楯，象鼻上也绑着刀，与敌方相拼杀。国王经常滞留在国境线上，整天不回去。军队和人民都疲惫不堪，怨声载道。

宋云来到军营，递送诏书，而国王野蛮无礼，竟坐着接受。宋云看出这种僻地野人不可救药，也就任他蛮横，无从责备。王指派翻译问宋云："你涉足各国，历经险路，难道不辛苦吗？"宋云回答说："我国皇帝深刻体味大乘教义，远求经典，不敢说疲劳。大王亲自统率三军，远临边境，历经寒暑，就不劳顿吗？"王答道："不能降服小国，你这一问，使我惭愧。"宋云最初认为王是野蛮人，连以礼相责的资格也不具备，任他坐接诏书。等到有了亲近的交谈，觉得他还不失人情味，于是加以责备道："山有高低，河有大小，人处世间，也是有尊有卑。嚈哒、乌场王都是拜接诏书，大王为什么偏偏不拜呢？"王回答说："我若见到魏王本人就拜，接到诏书坐着看，这有什么可奇怪的呢？世上的人接到父母的书信，尚且是坐着读信，大魏就如我的父母，我也坐着读信，不算无理。"宋云无法驳倒他。于是宋云被带到一座寺院，其中的施设简单。当时跋提国将两只幼狮赠送乾陀罗王，宋云一行人得以亲眼看见。那种雄猛的仪态，国内所画的狮子图中，都未能如实地描绘出来。

原典

　　于是西行五日，至如来舍头施人①处。亦有塔寺，二十余僧。复西行三月，至辛头大河。河西岸上，有如来作摩竭大鱼②，从河而出，十二年中以肉济人处。起塔为记，石上犹有鱼鳞纹。

　　复西行三日，至佛沙伏城。川原沃壤，城郭端直，民户殷多，林泉茂盛。土饶珍宝，风俗淳善。其城内外，凡有古寺，名僧德众，道行高奇。城北一里有白象宫，寺内佛事，皆是石像，装严极丽，头数甚多，通身金箔，眩耀人目。寺前系白象树，此寺之兴，实由兹焉。花叶似枣，季冬始熟。父老传云：此树灭，佛法亦灭。寺内图太子夫妻以男女乞婆罗门像，胡人见之，莫不悲泣。

复西行一日，至如来挑眼施人③处。亦有塔寺，寺石上有迦叶佛④迹。

复西行一日，乘船渡一深水，三百余步，复西南行六十里，至乾陀罗城⑤。东南七里，有雀离浮图⑥。

《道药传》云：城东四里。

推其本源，乃是如来在世之时，与弟子游化此土，指城东曰："我入涅槃后二百年，有国王名迦腻色迦⑦此处起浮图。"佛入涅槃后二百年，果有国王字迦腻色迦出游城东，见四童子累牛粪为塔，可高三尺，俄然即失。

《道药传》："童子在虚空中向王说偈。"

王怪此童子，即作塔笼之，粪塔渐高，挺出于外，去地四百尺，然后止。王更广塔基三百余步。

《道药传》云："三百九十步。"

从地构木，始得齐等。

《道药传》云："其高三丈，悉用文石为阶砌栌拱，上构众木，凡十三级。"

上有铁柱，高三百尺，金盘十三重，合去地七百尺。

《道药传》云："铁柱八十八尺，八十围，金盘十五重，去地六十三丈二尺。"

施功既讫，粪塔如初，在大塔南三步。时有婆罗门不信是粪，以手探看，遂作一孔。年岁虽久，粪犹不烂。以香泥填孔，不可充满。今有天宫笼盖之。

雀离浮图自作以来，三经天火所烧，国王修之，还复如故。父老云：此浮图天火七烧，佛法当灭。

《道药传》云："王修浮图，木工既讫，犹有铁柱，无有能上者。王于四角起大高楼，多置金银及诸宝物，王与夫人及诸王子悉在上烧香散花，至心请神，然后辘轳绞索，一举便到。故胡人皆云四天王助之，若其不尔，实非人力所能举。"

塔内佛事，悉是金玉，千变万化，难得而称。旭日始开，则金盘晃朗；微风渐发，则宝铎和鸣。西域浮图，最为第一。

此塔初成，用真珠为罗网覆于其上。后数年，王乃思量：此珠网价直万金，我崩之后，恐人侵夺。复虑大塔破坏，无人修补。即解珠网，以铜镬盛之，在塔西北一百步掘地埋之。上种树，树名菩提[8]，枝条四布，密叶蔽天。树下四面坐像，各高丈五。恒有四龙典掌此珠，若兴心欲取，则有祸变。刻石为铭，嘱语将来，若此塔坏，劳烦后贤出珠修治。

雀离浮图南五十步，有一石塔，其形正圆，高二丈，甚有神变，能与世人表吉凶。以指触之，若吉者，金铃鸣应；若凶者，假令人摇撼，亦不肯鸣。惠生既在远国，恐不吉反，遂礼神塔，乞求一验。于是以指触之，铃即鸣应。得此验，用慰私心，后果得吉反。

惠生初发京师之日，皇太后敕付五色百尺幡千口，锦香袋五百枚，王公卿士幡二千口。惠生从于阗至乾陀罗，所有佛事处，悉皆流布，至此顿尽，唯留太后百尺幡一口，拟奉尸毗王塔。宋云以奴婢二人奉雀离浮图，永充洒扫。惠生遂减割行资，妙简良匠，以铜摹写雀离浮图仪一躯，及释迦四塔⑨变。

于是西北行七日，渡一大水，至如来为尸毗王救鸽之处，亦起塔寺。昔尸毗王仓库为火所烧，其中粳米燋然，至今犹在，若服一粒，永无疟患。彼国人民须禁日取之。

《道药传》云："至那迦罗阿国⑩，有佛顶骨，方圆四寸，黄白色，下有孔，受人手指，閦然似仰蜂窠。至耆贺滥寺⑪，有佛袈裟十三条，以尺量之，或短或长。复有佛锡杖，长丈七，以木筒盛之，金箔贴其上。此杖轻重不定，值有重时，百人不举，值有轻时，一人胜之。那竭城⑫中有佛牙佛发，并作宝函盛之，朝夕供养。至瞿波罗龙窟⑬，见佛影。入山窟十五步，西面向户遥望，则众相炳然；近看，瞑然不见，以手摩之，唯有石壁。渐渐却行，始见其相。容颜挺特，世所希有。窟前有方石，石上有佛迹。窟西南百步，有佛浣衣处[14]。窟北一里，有目连窟[15]。窟北有山，山下有一佛手作浮图，高十丈。云此浮图陷入地，佛法当灭。并为七塔，七塔南石铭，云如来手书，胡字分明，于今可识焉。"

惠生在乌场国二年，西胡风俗，大同小异，不能具录。至正光二年二月始还天阙[16]。

衒之按：《惠生行记》[17]事多不尽录，今依《道药传》《宋云家记》[18]，故并载之，以备缺文。

京师东西二十里，南北十五里[19]，户十万九千余。庙、社、宫室、府曹以外，方三百步为一里[20]，里开四门，门置里正二人、吏四人、门士八人，合有二百二十里。寺有一千三百六十七所。天平元年迁都邺城，洛阳余寺四百二十一所。北邙山上有冯王寺、齐献武王寺[21]。

京东石关有元领军寺[22]、刘长秋寺[23]。嵩高中有闲居寺[24]、栖禅寺、嵩阳寺[25]、道场寺，上有中顶寺，东有升道寺。京南关口有石窟寺[26]、灵岩寺。京西瀍涧有白马寺、照乐寺。如此之寺，既郭外，不在数限，亦详载之。

注释

① **如来舍头施人**：佛本生故事之一，见《贤愚经》

卷六、《菩萨本缘经》卷中、《月光菩萨经》等。《法显传》与《大唐西域记》卷三各记此遗迹于竺刹尸国、叉始罗国。

② **如来作摩竭大鱼**：此一佛本生故事，见《贤愚经》卷七、《六度集经》卷一、《菩萨本行经》卷下等。摩竭，为摩伽罗的略称，指鲸鱼。

③ **如来挑眼施人**：此一佛本生故事，见《贤愚经》卷三十二、《佛本行集经》卷五、《方广大庄严经》卷五等。《法显传》及《大唐西域记》卷二亦记此遗迹。

④ **迦叶佛**：又作迦叶波佛、迦摄佛。意译作饮光佛。乃释尊以前之佛，为过去七佛中之第六佛。传说为释迦牟尼前世之师，曾预言释迦将来必定成佛。

⑤ **乾陀罗城**：《大唐西域记》卷二记作"布路沙布逻"，为健驮罗都城。相当于今 Peshawar。

⑥ **雀离浮图**：《大唐西域记》记为石塔，此处记作木造结构。

⑦ **迦腻色迦**：贵霜王朝第三世王。大约二世纪半至三世纪初在位。热心于庇护佛教，建造寺塔甚多。

⑧ **菩提**：为桑科常绿树，原名卑钵罗（Pippala），据说佛在此树下成就菩提（正觉），因称菩提树。

⑨ **释迦四塔**：四塔即《法显传》所载北天竺四大塔。一为如来割肉施鸽处所建塔（见后），一为如来挑

眼施人处所建塔，一为如来舍头施人处所建塔，一为投身饲饿虎处所建塔。如来为尸毗王救鸽，此一佛本生故事见《菩萨本行经》卷下、《菩萨本生鬘论》卷一、《贤愚经》卷一等。《法显传》及《大唐西域记》卷三各记此遗迹于宿呵多国、乌仗那国距摩愉伽蓝六七里处。

⑩ **那迦罗阿国**：《大唐西域记》卷二作"那揭罗曷国"。相当于今 Jelālābād 一带，以保存众多佛教古迹而闻名。

⑪ **耆贺滥寺**：耆贺滥，原义为锡杖。

⑫ **那竭城**：那迦罗阿国之都城。那竭为那迦罗阿的略称。

⑬ **瞿波罗龙窟**：如来运用神力，使居于此窟的瞿波罗恶龙受不杀戒。关于此窟佛影，《法显传》亦有记载，而《大唐西域记》所述最详。瞿波罗原义为牧牛，因恶龙前身为牧牛人，故用为龙名。

⑭ **方石、佛浣衣处**：关于这两处佛遗迹，《大唐西域记》亦有记载。

⑮ **目连窟**：目连尊者为佛十大弟子之一，有神通第一之称。据《大唐西域记》所载，上述佛影窟左右石窟较多，都是佛弟子入定之处。此亦其中之一。

⑯ **正光二年二月始还天阙**：《魏书·释老志》记作正光三年冬，归抵洛阳。《广弘明集》卷二、《历代三宝

纪》卷三亦同。据长泽和俊译注《宋云行纪》所考，惠生与宋云分别于正光三年冬、正光二年二月归国。(《东洋文库》本）

⑰ **《惠生行记》**：《隋书·经籍志》著录为《惠生行传》一卷，此后不见任何文献著录。《大正大藏经》史传部虽收有《北魏僧惠生使西域记》（第五十一册），但不过是后人从《洛阳伽蓝记》卷五中抽出有关内容而成。

⑱ **《宋云家记》**：《旧唐书·经籍志》《新唐书·艺文志》著录为《宋云魏国以西十一国事》，原貌当较《洛阳伽蓝记》所采为详，惜已无从考核。

⑲ **东西二十里，南北十五里**：北魏洛阳城的规模是因袭汉、魏、晋的旧基而来。晋时洛阳城的规模，皇甫谧《帝王世纪》记作东西六里十一步，南北九里一百步。(《后汉书·郡国志》刘邵注引)《元康地道记》作城内南北九里七十步，东西六里十步。（同上）均与此处所记不同。盖因景明二年（公元五〇一年）曾将洛阳城向四周扩大，此处所记当为扩大后的面积。旧城格局为东西狭、南北长的纵长方形，而新城则变为东西长、南北狭的横长方形。

⑳ **方三百步为一里**：里，是坊的意思。以下言共有二百二十个里（坊）。数目与《魏书·世宗纪》记为三百二十三及《广阳王传》记为三百二十有异。

㉑ **齐献武王寺**：献武王为高欢谥号。高欢，《北史》卷一、二有纪。

㉒ **元领军寺**：元领军即出任过领军将军的元乂，见卷一建中寺条。

㉓ **刘长秋寺**：刘长秋即出任过长秋卿的刘腾，见卷一长秋寺条。

㉔ **闲居寺**：据《魏书》卷九十《冯亮传》，此寺是宣武帝下令为高士冯亮所建。下文中的道场寺亦见于同书《冯亮传》。

㉕ **嵩阳寺**：据《中岳嵩阳寺碑》(《中州金石记》卷一)，是高祖太和八年（公元四八四年），由高僧生禅师所建。

㉖ **石窟寺**：著名的龙门石窟，为中国佛教美术的宝库。据《魏书·释老志》，营造始于景明（公元五〇〇—五〇三年）初年，至正光四年（公元五二三年）大功告成。世宗宣武帝为供奉高祖孝文帝与文昭皇太后，仿旧都代京（大同）灵岩寺石窟的规模而建。

译文

此后西行五天，到达如来截头施舍给他人之处。此处也建起塔寺，有僧徒二十多人。又西行三天，来到辛头大河。河的西岸，有如来变作摩竭大鱼，从河中出来，十二年内以肉救济他人之处。时人造塔铭记此事，石上还保留着鱼鳞纹。

再西行三天，来到佛沙伏城。国土平坦，土壤肥沃，城郭方方正正，人口众多，林泉茂盛。自然资源富有珍宝，社会风俗淳厚善良。这座城内外所有的古寺，到处是德行卓越的僧人和信教者。城北一里处有白象宫，寺内的佛像都是石像，庄严华丽之至，数目很多，通体贴着金箔，金光耀眼。寺前有拴过白象的树，这座寺的兴建，其实因缘于此。树的花叶像枣树，十二月才成熟。据父老们传说，这棵树一死，佛法就消亡。寺内画着太子夫妇让婆罗门带走自己儿女的图像，胡人看到这幅图，无不为之悲泣。

再西行一天，来至如来挑眼施舍给他人之处。也有塔寺，寺石上有迦叶佛的足迹。

接着西行一天，乘船渡过一条三百多步宽的深河后，向西南方向走六十里，到达乾陀罗城。城东南七里处，有雀离塔。

《道药传》认为在城东四里。

推测建塔的缘由，是如来在世时的这样一段事情：如来偕弟子在这个地方布教时，指着城东说："我入涅槃后二百年，将有名叫迦腻色迦的国王在这里建塔。"

佛入涅槃后二百年，果然有国王叫迦腻色迦，出游城东，看见四个童子堆牛粪作塔，高约三尺，可是一会儿童子就消失了。

《道药传》说："童子在空中向王说偈。"

国王感到奇怪，随即建塔加以笼罩。而粪塔则还在渐渐变高，向外延伸，直到离地四百尺高才止住。国王又将塔基拓宽了三百多步。

《道药传》作："三百九十步。"

由地面向上架木，才把塔建得与粪塔一样高。

《道药传》说："它的高度是三丈，全用文石作台阶和斗拱，上面架上很多木材，总共有十三重。"

顶部有铁柱，高三百尺，金盘十三重，与塔身加起来离地达七百尺。

《道药传》说："铁柱高八十八尺，合抱八十围，金盘十五重，离地六十三丈二尺。"

大功告成后，粪塔又恢复原先的样子，出现在大塔之南三百步处。当时有婆罗门不信是粪，用手指探测，于是形成了一个洞眼。虽然经历了许多个年头，粪却不腐烂。用香泥填补洞眼，始终都填不满。现在造有天宫，已将这个粪塔围拢起来。

雀离塔自从建成以后，三次遭受天火焚烧。国王加以修建，重新恢复了原样。父老们说：这座塔若经天火烧七次，佛法就会消亡。

《道药传》说："国王建塔的过程中，当木工完毕后，还有铁柱待加，然而谁也不能把它举上去。王在四角起大高楼，放置了许多金银及各种宝物，而王与夫人及王子们都在楼上烧香散花，专心致志祈请神助，结果后来在轳辘绞索牵引下，一举成功。因此胡人都说这是得到了四天王的帮助，否则，实在不是人力所能举上去的。"

塔内佛像都以金玉做成，姿态千变万化，难以用语言描述。每当旭日初升，金盘熠熠生辉；随着微风渐起，宝铎悠扬和鸣。佛塔之美，堪称西域第一。

这座塔刚刚落成时，用珍珠做网加以覆盖。几年以后，国王心想：这个真珠网价值万金，我死之后，恐怕别人要来抢夺。并担心大塔破损，无人修补。因而撤下珠网，装入铜镬，埋在塔西北一百步的土里。上面种树，树名叫菩提，枝条四散，茂密的树叶遮天蔽日。树下有四佛坐像，各高达一丈五尺。常有四龙镇守那些珍珠，如果有人萌生贪念，就将灾祸临头。刻石为铭，铭文嘱托道："如果将来此塔毁坏，烦劳后贤取珠修复。"

雀离塔南五十步，有一座石塔，正圆形，高两丈。很有灵验，能给世人显示凶吉祸福。用手指触摸塔身，如果吉祥，金铃就相应地鸣响；如果不祥，即使让人去摇动，金铃也不肯出声。惠生远在异国，担心不能安然返乡，因此向神塔礼拜，乞求显示灵验。他的手指一接触塔，金铃就作出响应。得到这个先兆，内心受到安慰，后来果然顺利归国。

惠生当初从京城出发的那天，皇太后诏令赏赐给他一千杆五色的百尺幡、五百只锦香袋。从王公卿士那里，也接受了两千杆幡。惠生从于阗到乾陀罗，凡有佛像的地方，挨处都献上幡和香袋。到这里为止，已全部用完，只留下一杆太后所赐的幡，准备奉献尸毗王塔。宋云将两个奴婢奉送给雀离塔，永远充当洒扫之务。惠生也就割舍旅资，精选能工巧匠，用铜做成一个雀离塔模型以及释迦四塔模型。

再向西北行进七天，渡过一条大河，来到如来为尸毗王救鸽之处。也建有塔和寺。从前，尸毗王的仓库发生火灾，其中被烧焦的粳米至今犹在，如果服下一粒，就永远不患疟疾。这个国家的人民必须在禁日才能取到这种米粒。

《道药传》说："到那迦罗阿国，发现有佛顶骨，直径四寸，黄白色，底部有很多孔，可容纳人的手指，形似蜂巢。到耆贺滥寺，发现有佛的袈裟十三件，用尺去量，长短不定。有佛的锡杖，长一丈七尺，装在木筒中，木筒上贴着金箔。这根锡杖的轻重不定，当重的时候，百人合力都举不动；当轻的时候，一人之力足够举起。那竭城中有佛牙和佛发，各放置在宝函中，朝夕供奉。到达瞿波罗龙窟，是这样看到佛影：进入山窟十五步，朝西向洞口遥望，就能看出多姿的佛影；可是走近细看，反而一无所见，用手摸索，却只有石壁。渐渐后退着走，才看得出佛的面相。那种超群特出的容颜，是世上所罕见的。窟前有方形石块，上面有佛的足迹。窟的西南百步远处，有佛洗衣处。窟北一里，有目连窟。这个窟的北边有山，山下有一佛亲手所造之塔，高达十丈。据说此塔一旦陷进地里，佛法当灭。与造此塔同时，还造有七个塔，塔南均有刻石铭文，据说是如来的亲笔，胡字笔画分明，至今仍可辨认。"

惠生在乌场国滞留两年，因西胡风俗大同小异，不能一一作具体记录。到了正光二年（公元五二一年）二月，终于返回神圣的大魏。

衔之按：《惠生行记》所记事项大多不够详尽，今据《道药传》《宋云家记》，将漏缺的部分一并载录，以备参考。

京城东西二十里，南北十五里，居民十万九千多户。庙、社、宫室、官府除外，全城以三百平方步为一个里，每个里四面开门，每个门设里正两人、吏四人、门士八人，共有二百二十个里。有一千三百六十七所寺院。天平元年（公元五三四年）首都迁往邺城时，洛阳残存四百二十一所寺院。北邙山上有冯王寺、齐献武王寺。京城东郊的石关有元领军寺、刘长秋寺。嵩山山中有闲居寺、栖禅寺、嵩阳寺、道场寺，山顶有中顶寺，东边有升道寺。在京城南郊的关口有石窟寺、灵岩寺。在西郊的瀍水与涧水一带有白马寺、照乐寺。这些佛寺，因位于城郭之外，不在上述数额之内，所以也详加列举。

源流

在中国佛教文史类典籍中,《洛阳伽蓝记》是享誉甚高的一部名作。它既有一般地理志的特质,又有佛教的内涵。应该说,以"寺记"或"寺塔记"为题的著作,并不始于杨衒之的《洛阳伽蓝记》。据现有资料,可知最早的书当推佚名《南京寺记》。此书不见于史志著录,唯唐道世《法苑珠林·妖怪篇》中引录一段,内容为记东晋简文帝咸安二年(公元三七二年)立波提寺原委(见卷三十一)。因文献不足,成书年代只能约略估计在东晋末期。其后,刘宋灵味寺昙宗撰有《京师寺塔记》二卷(据梁慧皎《高僧传》卷十三本传,又卷十四序录称昙宗《京师寺记》);南齐彭城人刘俊撰有《益都寺记》(据《高僧传》卷十四序录)。这两部书也已佚。《隋书·经籍志》予以著录的刘璆《京师寺塔记》十卷录一卷,《法苑珠林·传记篇》记作《京师塔寺记》一部二十卷,梁朝尚书兵部郎中兼史学士臣刘璆奉敕撰。此书的成书年代约略与《洛阳伽蓝记》不相前后,所记一南一北,都是空前的佛教名都。可惜其书已佚,无由考校得失。从以上提到的几部可以视为《洛阳伽蓝记》之先导的寺塔记来看,都会州郡尤其是人文荟萃之京城的佛教设施及相关活动,从四世纪末以来,已日渐引起僧人与教外人士的关注。

在考察《洛阳伽蓝记》的著述源流时,还有必要提到归为另一系列的作品,即历代的名城或名都记。以洛阳而言,《隋书·经籍志》史部地理类所著录的《洛阳记》四卷(无名氏)、陆机《洛阳记》一卷(《水经注》谷水条等引用)、《洛阳宫殿簿》(刘孝标《世说新语·巧艺篇》注引用)等书,都成于杨衒之前。这一时期的书目未被著录的,章宗源撰之《隋书经籍志考证》还增补有《洛阳故宫名》(无名氏,《水经注》谷水条引)、《洛阳记》一卷(戴延之撰,两《唐志》著录)等书。同时需要指出的是,不以"洛阳记"为题而实际上对洛阳地理古迹等情况加以记载的,包括晋末宋初戴延之《西征记》、齐刘澄之《山川古今志》一类的书。这样的都城记体裁的兴盛,也算得上是《洛阳伽蓝记》的间接先驱。

不过，从以上提到的两类作品的横向分布及纵向流传来看，《洛阳伽蓝记》毫无疑义占有超轶众作、自成典范的地位。在杨衒之以前成书的寺塔记、洛都记，作者多系南朝人，北朝染翰者极少，更不用说像杨衒之那样，成功地将寺塔记与名都记的容量涵摄于一书；与《洛阳伽蓝记》的流传情况形成对比的，是前期众作严重散佚，甚至到了销声匿迹的程度。这其中的原因可能是复杂的，但不能不说与作者的著述之才没有密切的关系。时间往往是具有沙汰力的。

所以，《洛阳伽蓝记》尽管不乏前导，实际上却因其富于创意和个人才情，而成为现存佛教文史典籍中寺塔记著作的奠基之作。它所达到的高度、享有的声誉，后继的若干同类撰著也不易企及。从杨衒之主观上看，他对本书的期待也是很高的。正如他在全书序言中所述，"京城表里，凡有一千余寺，今日寥廓，钟声罕闻，恐后世无传，故撰斯记"。他要凭手中的笔，使一代名都伽蓝的风采与故事传之久远。他在撰作中，对前人留下的文字成果，并不轻易依傍，相反，却认真检讨，以资借鉴。例如，他对戴延之《西征记》与刘澄之《山川古今记》关于阳渠石桥记载的失实，就深表不满（卷二明悬尼寺条）；他别出心裁，巧妙地利用佛书合本子注之体，使全书结构有条不紊（参题解），更是其富于创意处。加上本书并非奉敕而撰，而是出于个人内心的沧桑之感、兴亡之念，因而本书也是极具学术个性的。

继《洛阳伽蓝记》之后，隋大慈寺灵裕撰有《塔寺记》一卷（《历代三宝纪》卷十二著录。已佚），唐代出现了数量不少的寺塔记，或记某一地区，或记某一寺塔。弘福寺彦琮于龙朔元年（公元六六一年）撰《大唐京寺录传》十卷（《大唐内典录》卷五著录，《法苑珠林》卷一百作《西京寺记》。已佚），龙兴寺清澈于元和（公元八〇六—八二〇年）年间撰《金陵寺塔记》三十六卷（《新唐书·艺文志》著录，并见于《宋高僧传》卷十六本传。已佚），两书卷帙较大，关于南北两大佛教名城寺塔建制的记述，想必甚具规模。其得益于《洛阳伽蓝记》与否，因书已不存而难以推论。在史料与文学上最为后世珍视的，要数初成于会昌三年（公元八四三年），刊整于大中七年（公元八五三年）的段成式《寺塔记》，此书亦收入《大正藏》（第五十一册）。

段成式学博艺高，尤深佛理。他与佛门的交往、对佛教的倾心，有他自己存世的作品可征，这里不烦举证。《寺塔记》是寻访长安两街（即朱雀街东西侧）寺院的记录，经过编次后，作者明确地表示要"传诸释子"。即此可知段成式专为佛门作见证的态度，很是明朗。这与杨衒之"恐后世无传"、所"传"对象为"后世",不尽相同。《寺塔记》偏于纯佛教的景观,而《洛阳伽蓝记》的视野则显得更为广远。不过,两书在致力保存佛教文化遗迹上,则是共通的。《洛阳伽蓝记》的那种传真记实的学术精神,在《寺塔记》中也可谓得以发扬。《寺塔记》中备受后代看重的关于佛寺壁画的描述,其可贵正在于及时而如实地反映了唐代寺院与绘画艺术结缘的新特点。另外,两书在语言锤炼上的造诣与匠心,尽管风格不一,却都追求美的表达,因而成为寺塔记中前后辉映的文学名作。

附带说明的是,《洛阳伽蓝记》卷五所录《宋云行纪》,作为佛教史料曾被抽出单印(《大正藏》题作《北魏僧惠生使西域记》,见第五十一册),或单独加以考证(法国学者沙畹Édouard Chavannes 撰《宋云行纪笺注》"*Voyage de Song Yun dans I'Udyāna et Le Gandhāra*",日本学者长泽和俊亦有日文译注本),若从单独的意义上看,自可归于西域游记的源流之中,以了解其承前启后的历史定位。自从法显于义熙十二年(公元四一六年)撰成《法显传》(又名《历游天竺传记》《佛国记》,存)一卷,开创了纪实性的西域游记之后,东晋南北朝时期出现了一批此类著作,主要有释昙景《外国传》五卷(据《隋书·经籍志》著录,佚)智猛《游行外国传》(据《出三藏记集》卷十五、《隋书·经籍志》著录,

源 流 307

残），法勇《外国传》五卷（据《出三藏记集》卷十著录，残），法盛《历国传》二卷（据《隋书·经籍志》，佚），道药《道药传》、惠生《惠生行记》、宋云《宋云行纪》各一卷（三书"并载"于《洛阳伽蓝记》卷五），反映了这一时期中国人西行求法的热潮。西行求法的人士中，主要是僧人，只有宋云似是例外。这一批作品为隋唐时代以玄奘《大唐西域记》为巅峰的西行游记的隆盛，无疑具有奠基的意义，而以非僧人身份撰成的唐王玄策《中天竺行记》十卷（据《法苑珠林》卷一百、两《唐志》著录，残），自当以《宋云家记》为其前导。

解说

前人对《洛阳伽蓝记》的评介，以明毛晋的如下评语最为扼要："铺扬佛宇，而因及人文。著撰园林、歌舞、鬼神、奇怪、兴亡之异，以寓其褒贬，又非徒以记伽蓝已也。"（绿君亭本《洛阳伽蓝记》跋）杨衒之以有条不紊的结构，熔铸史才与文采，精心撰著了这部具有深广历史容量和独到个人见解的著作。

以"记伽蓝"而言，虽然作者的动机并非出于护教的热情，但那种志在保存的迫切心愿，使得距今一千五百年前的洛阳伽蓝盛况，得以在文字中传世。（参题解）这种以文化传承自任的责任心与使命感，对于当今的文物保存工作，无疑是有其现实意义的。从"因及人文"处看，作者的笔触上及官廷政变、下至里巷俗谚，对城郊形势、古迹今昔、政府设施、经济景观、社会心理、公众娱乐等作了全景式的反映，可称是一代别史。在中国的史学传统中，《史记》作者司马迁及《汉书》作者班固，正如晋范晔指出的，"议者咸称二子有良史之才"（《汉书·班彪列传》）。杨衒之在《洛阳伽蓝记》卷三景明寺条，对邢子才的学术文章，评价甚高，认为是"腾班马而孤上"，具体表现为"洽闻博见，无所不通；军国制度，无不访及"。这其实正不妨移作对杨衒之自己的评语。所谓"洽闻博见"，一如班固早已揭示出司马迁的"博物洽闻"（《汉书·司马迁传》），是"良史之才"的基本素质。《洛阳伽蓝记》中所体现的"洽闻博见"，对于今日治史学、地理学、语言学、民俗学等各方面研究者来说，成为珍贵的史料之源。

从"寓其褒贬"上看，作者在记事中或隐或显地传达出自己的是非判断、爱憎感慨，这是作品富于思想性的标志。《洛阳伽蓝记》不同于一般的簿记，就在于全书从结构到行文，透露出作者的史识与性情。"寓其褒贬"的形式，大要可从两方面着眼，一是以夹议法直接抒发其感想或裁断，例如卷四宣忠寺条附记城阳王元徽为庄帝献计，杀尔朱荣，及尔朱荣族人尔朱兆复仇擒庄帝，元徽为避祸，携黄金与马匹潜逃至部下寇祖仁家。寇祖仁贪财而害死故人，并图尔朱兆所悬之赏。然而天降不测，尔朱兆梦见寇祖仁谋财害命，梦中贪赃物的数量还超过实际所得，因而拘捕寇祖仁，落得悬树鞭挞至死的可悲下场。对此，作者以"杨衒之曰"发表评论道：

杨衒之曰："崇善之家，必有余庆；积祸之门，殃所毕集。祖仁负恩反噬，贪货杀徽，徽即托梦增金马，假手于兆，还以毙之。使祖仁备经楚挞，穷其涂炭，虽魏侯之笞田蚡，秦主之刺姚苌，以此论之，不能加也。"

对寇祖仁忘恩负义、乘人之危的恶劣行径，表示了极大的义愤。这里甚至坚信"徽即托梦增金马"的报仇手段，借恶有恶报的朴素思想，抒发惩恶劝善的激情。实际上，这种评论形式，可溯源于《左传》的"君子曰"、《史记》的"太史公曰"等史赞文辞，行文风格往往因事而异，既有直言不讳的冷峻，又有歌哭感慨的热切。尽管"杨衒之曰"在全书中出现的次数并不多，但读者不难从中感到作者追求真理、伸张正义的精神。

二是在客观记叙中暗寓美刺褒贬的意向，例如，全书有三处述及"极佛境界"或"佛国"，语气是纯客观的，却蕴含了作者对北魏全盛时的国力与中原文化的一份自豪之情。第一处在卷一永宁寺条，记九级浮图落

解 说 313

成,西域名僧菩提达摩"见金盘炫日,光照云表;宝铎含风,响出天外,歌咏赞叹,实是神功。自云:'年一百五十岁,历涉诸国,靡不周遍,而此寺精丽,阎浮所无也。极佛境界,亦未有此。'口唱南无,合掌连日"。第二处在卷三景明寺条,记京城盛大的佛教庆典,"于时金花映日,宝盖浮云;幡幢若林,香烟似雾;梵乐法音,聒动天地……时有西域胡沙门见此,唱言佛国"。第三处在卷五所录《宋云行纪》,乌场国王问宋云曰:"彼国出圣人否?"宋云具说周孔庄老之德,次序蓬莱山上银阙金堂,神仙圣人并在其上;说管辂善卜、华陀治病、左慈方术。乌场国王曰:"若如卿言,即是佛国。我当命终,愿生彼国。"再如,作者对"(胡)太后临朝,阉寺专宠,宦者之家,积金满堂"的腐败现象,虽没有直抒抨击之意,却采录了萧忻讥刺宦官的名言:"高轩斗升者,尽是阉官之嫠妇;胡马鸣珂者,莫非黄门之养息也。"并在子注中特意介绍萧忻的学行胆识。像这样借采录社会舆论而寄寓作者的爱憎之情的,书中还有多处。再如,作者在叙事时对某些字眼的选用,明显地是含有正名分之义的。这也可谓是对《春秋》笔法或大义微言的继承。书中称西晋为"中朝""晋中朝",表示北魏直承西晋正统;称北魏为"皇魏""我魏",记外国僧人来洛阳为"适兹乐土"（卷四永明寺条）、通汉语为"晓魏言"（卷四法云寺条）等，都表明以北魏为本位、为中心的意识。最后，也是最具特色的例子，即在对神异事端的实录中，寄寓作者的警世之意、悲悯之怀，这在全书中不胜枚举，此处稍示一二：卷一修梵寺条附记吏部尚书"邢峦家常掘得丹砂及钱数十万，铭云'董太师（东汉末董卓）之物'。后卓夜中随峦索此物，峦不与之。经年峦遂卒矣"。据《魏书·邢峦传》，邢峦于延昌三年（公元五一四年）"暴疾卒"，并记载他突然死亡之前的表现是"志行修正，不复以财贿为怀，戎资军实丝毫无犯"（卷六十五）。这恐怕对这位达官有所文饰。而《洛阳伽蓝记》所述看似荒诞不经，却更能反映公众舆论对邢氏"暴疾卒"的一种道德化的解释，并构成对贪财者的一种警告。卷二崇真寺条记比丘慧嶷"死经七日还活。经阎罗王检阅，以错召放免"，并附记慧嶷讲述另有五位比丘同时被阎罗王检阅的详情。从阎罗王审判来看，凡是热衷讲经、建寺宇、造经像的僧人，都不得升天堂。这一地狱故事甚至引起朝廷的注意，从而开始禁止僧人"持经像沿路乞索"，因为他们的"乞索"助长贪财之心；京城比丘也开始专事禅诵，"不复以讲经为意"。这一段记事对佛门中人谋财建寺或造像的弊端，就颇有警诫的深意。

总之,《洛阳伽蓝记》的深广的历史容量与思想内涵,决定了这部名作能传之久远,并为现代文明提供理性的启迪。

参考书目

1.《洛阳伽蓝记集证》(简称《集证》) 清吴若准集证 《四部备要》本

2.《洛阳伽蓝记钩沉》(简称《钩沉》) 唐晏钩沉 广文书局 一九六九年版

3.《洛阳伽蓝记校释》(简称《校释》) 周祖谟校释 中华书局 一九六三年版

4.《洛阳伽蓝记校注》(简称《校注》) 范祥雍校注 上海古籍出版社 一九七八年版

5.《洛阳伽蓝记》(简称《译注》) 入矢义高译注 平凡社《东洋文库》本 一九九〇年版

6. *A Record of Buddhist Monasteries in Lo-Yang*(《洛阳伽蓝记》) Yi-t'ung Wang(王伊同译注) Princeton University Press(普林斯顿大学出版社) 一九八四年版

7.《周易》《十三经注疏》本　中华书局影印一九八〇年版

8.《诗经》《十三经注疏》本

9.《尚书》《十三经注疏》本

10.《周礼》《十三经注疏》本

11.《礼记》《十三经注疏》本

12.《春秋左传》《十三经注疏》本

13.《春秋公羊传》《十三经注疏》本

14.《论语》《十三经注疏》本

15.《孟子》《十三经注疏》本

16.《尔雅》　晋郭璞注　《四部丛刊》本

17.《说文解字》　汉许慎撰　清段玉裁注　上海古籍出版社影印　一九八一年版

18.《史记》　汉司马迁撰　中华书局排印本一九八二年版

19.《汉书》　汉班固撰　中华书局排印本一九六二年版

20.《后汉书》　宋范晔撰　中华书局排印本一九六五年版

21.《三国志》　晋陈寿撰　中华书局排印本一九八二年版

22.《晋书》　唐房玄龄等撰　中华书局排印本

一九七四年版

  23.《宋书》 梁沈约撰　中华书局排印本 一九七四年版

  24.《南齐书》 梁萧子显撰　中华书局排印本 一九七二年版

  25.《梁书》 唐姚思廉撰　中华书局排印本 一九七三年版

  26.《魏书》 北齐魏收撰　中华书局排印本 一九七四年版

  27.《北齐书》 唐李百药撰　中华书局排印本 一九七二年版

  28.《隋书》 唐魏徵等撰　中华书局排印本 一九七三年版

  29.《南史》 唐李延寿撰　中华书局排印本 一九七五年版

  30.《北史》 唐李延寿撰　中华书局排印本 一九七四年版

  31.《旧唐书》 后晋刘昫等撰　中华书局排印本 一九七五年版

  32.《新唐书》 宋欧阳修、宋祁撰　中华书局排印本　一九七五年版

  33.《宋史》 元脱脱等撰　中华书局排印本

一九七七年版

  34.《资治通鉴》 宋司马光撰 中华书局排印本 一九五六年版

  35.《通志》 宋郑樵撰 中华书局影印本 一九八七年版

  36.《战国策集注汇考》 诸祖耿汇考 江苏古籍出版社 一九八五年版

  37.《南方草木状》 晋嵇含撰 《汉魏丛书》本

  38.《水经注疏》 杨守敬疏 科学出版社 一九五七年版

  39.《太平寰宇记》 宋乐史撰 《四库全书》本

  40.《通典》 唐杜佑撰 浙江古籍出版社影印 一九八八年版

  41.《文献通考》 元马端临撰 浙江古籍出版社 一九八八年版

  42.《崇文总目》 宋王尧臣等撰 清钱东垣等辑释 《中国历代书目丛刊》本 现代出版社 一九八七年版

  43.《衢本郡斋读书志》 宋晁公武撰 《中国历代书目丛刊》本

  44.《直斋书录解题》 宋陈振孙撰 《中国历代书目丛刊》本

45.《四库全书总目》 清永瑢等撰 中华书局影印 一九六五年版

46.《隋书经籍志考证》 清章宗源撰 《二十五史补编》本 中华书局 一九五五年版

47.《隋书经籍志考证》 清姚振宗撰 《二十五史补编》本

48.《金石萃编》 清王昶撰 《石刻史料新编》本 新文丰出版公司 一九八六年版

49.《中州金石记》 清毕沅撰 《石刻史料新编》本

50.《北京图书馆藏中国历代石刻拓本汇编》 北京图书馆金石组编 中州古籍出版社 一九八九年版

51.《汉魏南北朝墓志集释》 赵万里撰 《石刻史料新编》本

52.《汉魏南北朝墓志汇编》 赵超编 天津古籍出版社 一九九二年版

53.《史通通释》 唐刘知幾撰 清浦起龙释 上海古籍出版社 一九七八年版

54.《老子校释》 朱谦之校释 中华书局 一九八四年版

55.《庄子集释》 清郭庆藩集释 中华书局 一九六一年版

56.《管子集校》 郭沫若、闻一多、许维遹集校

科学出版社　一九五六年版

57.《吕氏春秋集释》　许维遹集释　文学古籍刊行社　一九五五年版

58.《淮南鸿烈集解》　汉刘安撰　刘文典集解　中华书局　一九八九年版

59.《法言义疏》　汉扬雄撰　汪荣宝义疏　中华书局　一九八七年版

60.《西京杂记》　旧题汉刘歆撰　《四部丛刊》本

61.《博物志》　晋张华撰　《汉魏丛书》本

62.《搜神记》　晋干宝撰　《学津讨原》本

63.《世说新语笺疏》　宋刘义庆撰　余嘉锡笺疏　中华书局　一九八三年版

64.《齐民要术》　北魏贾思勰撰　中华书局　一九五六年版

65.《酉阳杂俎》　唐段成式撰　《丛书集成初编》本

66.《艺文类聚》　唐欧阳询撰　上海古籍出版社排印本　一九八二年版

67.《北堂书钞》　唐虞世南撰　中国书店影印本　一九八九年版

68.《太平御览》　宋李昉等撰　中华书局影印本　一九六〇年版

69.《南村辍耕录》　元陶宗仪撰　中华书局

一九五九年版

70.《文选》 梁萧统编 唐李善注 中华书局影印本 一九七七年版

71.《乐府诗集》 宋郭茂倩编 中华书局排印本 一九七九年版

72.《全上古三代秦汉三国六朝文》 清严可均辑 中华书局影印 一九五八年版

73.《思适斋集》 清顾广圻撰 《春晖堂丛书》本

74.《诗品注》 梁钟嵘撰 陈延杰注 人民文学出版社 一九六一年版

75.《六度集经》 吴康僧会译 《大正新修大藏经》（简称《大藏经》）第三册 新文丰出版公司 一九八三年修订版

76.《菩萨本缘经》 吴支谦译 《大藏经》第三册

77.《菩萨本行经》 失译名 《大藏经》第三册

78.《月光菩萨经》 宋法贤译 《大藏经》第三册

79.《太子须大拏经》 西秦圣坚译 《大藏经》第三册

80.《睒子经》 西秦圣坚译 《大藏经》第三册

81.《太子瑞应本起经》 吴支谦译 《大藏经》第三册

82.《普曜经》 西晋竺法护译 《大藏经》第三册

83.《方广大庄严经》 唐地婆诃罗译 《大藏经》第三册

84.《佛本行集经》 隋阇那崛多译 《大藏经》第三册

85.《贤愚经》 北魏慧觉等译 《大藏经》第四册

86.《杂宝藏经》 北魏吉迦夜共昙曜译 《大藏经》第四册

87.《妙法莲华经》 姚秦鸠摩罗什译 《大藏经》第九册

88.《大般涅槃经》 北凉昙无谶译 《大藏经》第十二册

89.《大般涅槃经》 宋慧严等增补 《大藏经》第十二册

90.《历代三宝纪》 隋费长房撰 《大藏经》第四十九册

91.《释迦氏谱》 唐道宣撰 《大藏经》第五十册

92.《高僧传》 梁慧皎撰 《大藏经》第五十册

93.《续高僧传》 唐道宣撰 《大藏经》第五十册

94.《景德传灯录》 宋道原纂 《大藏经》第五十一册

95.《高僧法显传》 东晋法显记 《大藏经》第五十一册

96.《北魏僧惠生使西域记》 失抄者名 《大藏经》第五十一册

97.《大唐西域记》 唐玄奘撰 《大藏经》第五十一册

98.《释迦方志》 唐道宣撰 《大藏经》第五十一册

99.《寺塔记》 唐段成式撰 《大藏经》第五十一册

100.《弘明集》 梁僧祐撰 《大藏经》第五十二册

101.《广弘明集》 唐道宣撰 《大藏经》第五十二册

102.《法苑珠林》 唐道世撰 《大藏经》第五十三册

103.《南海寄归内法传》 唐义净撰 《大藏经》第五十四册

104.《释氏要览》 宋道诚集 《大藏经》第五十四册

105.《出三藏记集》 梁僧祐撰 《大藏经》第五十五册

106.《大唐内典录》 唐道宣撰 《大藏经》第五十五册

107.《祖庭事苑》 宋善卿编 《卍续藏经》第一百十三册 新文丰出版公司 一九八三年再版

108.《佛法金汤编》 明心泰编 《卍续藏经》第一百四十八册

109.《宝林传》 唐智炬集 《禅学丛书》(日本柳田圣山主编)第五册 中文出版社 一九八六年再版

110.《祖堂集》 五代静、筠撰 《禅学丛书》第四册

111.《宋云行纪笺注》 法国沙畹撰 冯承均译 《西域南海史地考证译丛》第六编 中华书局一九五六年版

112.《斯坦因西域考古记》 向达译 中华书局一九三六年版

113.《古书疑义举例五种》 清俞樾等撰 中华书局 一九五六年版

114.《金明馆丛稿二编》 陈寅恪撰 上海古籍出版社 一九八〇年版

115.《中国禅思想史》 日本柳田圣山撰 吴汝钧译 台湾商务印书馆 一九八三年版

116.《如隐堂本〈洛阳伽蓝记〉校记》 管雄撰 载南京大学古籍所《古典文献研究》(一九八九——一九九〇)号 南京大学出版社 一九九二年版

出版后记

星云大师说："我童年出家的栖霞寺里面，有一座庄严的藏经楼，楼上收藏佛经，楼下是法堂，平常如同圣地一般，戒备森严，不准亲近一步。后来好不容易有机缘进到藏经楼，见到那些经书，大都是木刻本，既没有分段也没有标点，有如天书，当然我是看不懂的。"大师忧心《大藏经》卷帙浩繁，又藏于深山宝刹，平常百姓只能望藏兴叹；藏海无边，文辞古朴，亦让人望文却步。在大师倡导主持下，集合两岸近百位学者，经五年之努力，终于编修了这部多层次、多角度、全面反映佛教文化的白话精华大藏经——《中国佛教经典宝藏》，将佛教深睿的奥义妙法通俗地再现今世，为现代人提供学佛求法的方便途径。

完整地引进《中国佛教经典宝藏》是我们的夙愿，

三年来，我们组织了简体字版的编审委员会，编订了详细精当的《编辑手册》，吸收了近二十年来佛学研究的新成果，对整套丛书重新编审编校。需要说明的是此次出版将丛书名更改为《中国佛学经典宝藏》。

佛曰：一旦起心动念，也就有了因果。三年的不懈努力，终于功德圆满。一百三十二册，精校精勘，美轮美奂。翰墨书香，融入经藏智慧；典雅庄严，裹沁着玄妙法门。我们相信，大师与经藏的智慧一定能普应于世，济助众生。

东方出版社

图书在版编目（CIP）数据

洛阳伽蓝记 / 曹虹 释译 . —北京：东方出版社，2020.3
（中国佛学经典宝藏）
ISBN 978-7-5060-8552-6

Ⅰ. ①洛⋯ Ⅱ. ①曹⋯ Ⅲ. ①寺院—史料—洛阳市—北魏②洛阳市—地方史—史料—北魏 Ⅳ. ① K928.75 ① K296.13

中国版本图书馆 CIP 数据核字（2015）第 250779 号

本书中文简体字版权由上海大觉文化传播有限公司独家授权出版
中文简体字版专有权属东方出版社

洛阳伽蓝记
（LUOYANG QIELAN JI）

释 译 者：曹　虹
责任编辑：王梦楠　杨　灿
出　　版：东方出版社
发　　行：人民东方出版传媒有限公司
地　　址：北京市朝阳区西坝河北里 51 号
邮　　编：100028
印　　刷：北京大兴县新魏印刷厂
版　　次：2020 年 3 月第 1 版
印　　次：2020 年 3 月第 1 次印刷
开　　本：880 毫米 ×1230 毫米　1/32
印　　张：11.125
字　　数：164 千字
书　　号：ISBN 978-7-5060-8552-6
定　　价：58.00 元
发行电话：(010) 85924663　85924644　85924641

版权所有，违者必究
如有印装质量问题，我社负责调换，请拨打电话：(010) 85924602　85924603